Ein Einblick in eine andere Welt, die doch mitten in Deutschland liegt: Die Jesiden sind eine alte kurdische Religionsgemeinschaft; viele flohen vor der Unterdrückung in ihrer Heimat nach Deutschland. Gülnaz Beyaz kommt als junges Mädchen, baut sich später erfolgreich ein eigenes Unternehmen, eine Fahrschule, auf und will sich schließlich ihrem patriarchalisch geprägten Mann nicht länger unterordnen. Sie will ihr Leben selbst bestimmen. Sie lässt sich scheiden und bricht so aus der Familienstruktur der Jesiden aus. Blutrache ist die Folge: Brüder, Neffen, Männer beider Familien sind verwickelt. Das Schicksal dieser Frau ist berührend, ihre Kraft bewundernswert.

Über die Geschichte von Gülnaz und ihrer Familie haben die Filmemacherinnen Jana Matthes und Andrea Schramm die Dokumentation ›Im Schatten der Blutrache‹ gedreht, die als »Bester Dokumentarfilm« den Deutschen Fernsehpreis 2007 erhielt.

Katrin Rohnstock ist Germanistin und hat 1998 die Firma »Rohnstock Biografien« gegründet, die auf das Schreiben von privaten Autobiografien, Familien- und Firmengeschichten spezialisiert ist.

Ralf Pasch ist freier Journalist und Autobiografiker bei »Rohnstock Biografien«.

Mein Leben
im Schatten der
Blutrache

Die Geschichte der
Gülnaz Beyaz

Aufgezeichnet von
Katrin Rohnstock
und Ralf Pasch

Deutscher Taschenbuch Verlag

Originalausgabe
Mai 2008
© Deutscher Taschenbuch Verlag GmbH & Co. KG, München
www.dtv.de
Konzept und Textproduktion:
IHR LEBEN ALS BUCH – ROHNSTOCK BIOGRAFIEN
Katrin Rohnstock
Schönhauser Allee 12, 10119 Berlin
www.rohnstock-biografien.de – info@rohnstock-biografien.de
Sämtliche, auch auszugsweise Verwertungen bleiben vorbehalten.
Umschlagkonzept: Balk & Brumshagen
Umschlagfoto: Sven Paustian
Satz: Fotosatz Amann, Aichstetten
Gesetzt aus der Minion
Druck und Bindung: Druckerei C.H. Beck, Nördlingen
Gedruckt auf säurefreiem, chlorfrei gebleichtem Papier
Printed in Germany · ISBN 9-783-423-34480-7

Inhalt

Der Fluch der Heyf 9

I Sobald du anders denkst, kannst du nicht leben . . . 13
   Braut in Mutters Bauch 15
   Der besudelte Brunnen 18
   Des Teufels 21
   »Die kann nicht mal Türkisch« 25
   Xezal, das versehrte »Reh« 28
   Gülistan heiratet 30
   Abschied von Nusaybin 36
   Die Intrige 40
   Die große Reise 42
   Nackt 45
   Hauptsache lernen 47
   Engel Pfau 50
   Ganz oder gar nicht 55
   Nachrichten aus der Heimat 59
   Die Schule fällt ins Wasser 62
   Rückkehr nach Nusaybin 66
   Herr der Sünden 70

II Die Liebe kommt von selbst 73
   Hinterm Lenkrad 75
   Das schaffst du auch! 78
   Raus! 81

	Ilzas Brautfahrt	83
	Fremde Heimat	86
	Hoffnungslos	92
	Flucht ins Ungewisse	94
	Beschmutzte Ehre	99
	Prinzessin und Knecht	103
III	Allein mit dem Schicksal	107
	Glück und Unglück	109
	Der Pascha	112
	Ein Geschenk	115
	Warum machst du das mit?	117
	Du hast diese Frau nicht verdient	120
	Die Ruhe der Toten	123
	Ein Sohn ist nicht genug	128
	Lieber fünf Hunde…	131
	Neid und Missgunst	134
	Die syrische Braut	137
	Ich bin auch noch da!	141
	Serhijk	144
	Die Beschneidung	146
	Der Auftrag	149
	Trügerische Hoffnung	152
IV	Die Katastrophe	155
	Das Gespenst der Stammesfehde	157
	Eine kleine Revolution	161
	Schluss, aus	163
	Kein Zurück	166
	Todesangst	168
	Vernichtende Gerüchte	171
	Schieß, Onkel!	175

»Jetzt bist du ihn ganz los!« 179
Blutige Ehre 183

V Zuallererst bin ich Mensch 187
Spießrutenlaufen 189
Es geht nicht um mich 193
Verhaftet 196
Im Knast 200
»Warum kommst du nicht nach Hause, Mama?« ... 204
Die Trümmer meines Lebens 208
Mensch bleiben 211
Unwillkommene Brautwerbung 214
Evelyn heiratet 217
Ich liebe meinen Glauben 223

Nachwort 226

Der Fluch der Heyf

Meine Eltern kommen aus Bacin, einem kleinen Dorf an der Grenze zwischen der Türkei und Syrien. Mein Vater musste meine Mutter entführen – denn sie war einem anderen Mann versprochen. Weil sie das Heiratsversprechen nicht einhielten, das in unserer Kultur heilig ist, wurden die beiden von ihren Familien verstoßen. Nach Bacin kehrten sie niemals zurück. Sie flüchteten vor der Familienrache und zogen lange über die Dörfer. Kurzzeitig gewährten ihnen befreundete Jesiden, Christen und Muslime Unterschlupf. Bis mein Vater einen Platz fand, an dem wir erst einmal bleiben konnten: Nusaybin – eine Stadt ebenfalls in der Grenzregion zu Syrien.

In Nusaybin ging es uns zunächst gut. Mein Vater kaufte Felder am Rande der Stadt und bewirtschaftete sie. Wir wohnten in einem schönen Haus mit einem großen Garten. Vielleicht würden wir heute noch dort leben, wenn wir als Jesiden nicht ständig der Willkür unserer muslimischen Nachbarn ausgesetzt gewesen wären. Das Leben in Nusaybin wurde uns zur Hölle gemacht. Wir flohen erneut. Diesmal nach Deutschland.

Die drei ältesten Kinder meiner Eltern, von denen ich das drittgeborene Mädchen bin, kamen auf der Flucht von Bacin nach Nusaybin zur Welt, die nächsten drei in unserem Haus in Nusaybin. Die drei jüngsten meiner Geschwister wurden in Deutschland geboren, wo meine Familie nun seit dreißig Jahren lebt.

Wir sind eine jesidische Familie. Bevor im sechsten Jahrhundert der Islam entstand, gehörten alle Kurden zur Religionsgemeinschaft der Jesiden. Doch die meisten Kurden traten zum Islam über. Wer Jeside blieb, wurde von den Muslimen unterdrückt, verfolgt und umgebracht. Bis heute werden die Kurden in den Ländern, in denen sie leben, als Minderheit diskriminiert. So lebten wir in zweifacher Ächtung – ethnisch, weil wir den Kurden angehören, und religiös, weil wir keine Muslime sind. So ist die Geschichte der Jesiden, die auf dem Gebiet der heutigen Staaten Türkei, Irak, Iran und Syrien lebten und leben, über Jahrhunderte eine Geschichte der Verteidigung unserer Kultur und des Kampfes.

Ein weiterer Konflikt prägt seit der frühesten Kindheit mein Leben. Ich wünschte mir, ich wäre als Junge geboren. Jungen durften die Schule besuchen, Mädchen nicht. Ich trug gerne Hosen. Ich wollte frei sein, arbeiten und vorwärtskommen. Doch das ist bei den Jesiden nur den Männern erlaubt. Ich fragte mich, warum Mädchen anders behandelt werden.

Ich liebe den jesidischen Glauben. Ich verstehe, dass es wichtig war, Gebote aufzustellen und zu verteidigen. Sicher waren dies Regeln, mit denen sich die jesidische Kultur seit Jahrhunderten gegen Einflüsse von außen zu schützen vermochte. Die Jesiden sind bekannt für ihre Strenge und Unnachgiebigkeit. Vielleicht würde es unsere Kultur sonst gar nicht mehr geben.

Nun gibt es Vorschriften, die ich aus unserer Geschichte heraus zwar verstehen, aber heute nicht mehr akzeptieren kann: Warum dürfen Angehörige anderer Religionen heiraten, wen sie wollen, und warum dürfen wir Jesiden nur Jesiden heiraten? Warum werden wir gezwungen, einen Verwandten zu heiraten? Und warum müssen Menschen sterben, wenn jemand gegen die Regeln verstößt?

Mein Vater hatte mich schon seinem Neffen versprochen, bevor ich überhaupt geboren war. Ich wollte ihn nicht heiraten. Als

Kind hatte er im Haus unserer Eltern gewohnt, wir hatten viel Zeit miteinander verbracht. Er war mir wie ein Bruder. »Du wirst ausgeschlossen aus der Gemeinschaft, wenn du nicht tust, was dein Vater sagt!«, hieß es, als ich mich den Heiratsplänen widersetzte. Als das nichts fruchtete, wurden schlimmere Drohungen laut: »Du wirst verflucht!« Oder: »Du wirst umgebracht!«

Die Blutfehden – Heyf, wie sie im Kurdischen heißen – werden von Muslimen wie Jesiden gleichermaßen als Mittel der Selbstjustiz praktiziert. Sie haben keinen religiösen Ursprung, sondern sind kennzeichnend für unseren Kulturraum. Zur Blutrache verpflichtet fühlen sich Männer immer dann, wenn die eigene »Ehre« oder die der Familie verletzt wurde.

Blutfehden begleiten mich seit meiner Kindheit. In der Türkei wurden zwei meiner Onkel ermordet. Ich schämte mich dafür. Solche Vorfälle nahmen uns Kindern manchmal den Mut zum Leben. Ich wollte mich davon fernhalten. Doch es war unmöglich... der Fluch der Heyf holte mich ein – mitten in Deutschland.

I
Sobald du anders denkst, kannst du nicht leben

Braut in Mutters Bauch

Meine Eltern gaben mir den Namen Gülnaz, das bedeutet »Zarte Rose«. Ich weiß nicht genau, wie alt ich bin. Meine Mutter sagt, ich wurde etwa sechs Jahre nach meiner ältesten Schwester Gülistan geboren. Ungefähr zwei Jahre vor mir war Shareze auf die Welt gekommen, die wir Ilza nennen. Wann wir tatsächlich geboren wurden, weiß niemand. Wir Jesiden fragen nicht danach, wie viele Lebensjahre ein Mensch zählt. Es gibt bei uns weder Geburtsurkunden noch Kalender. In meinem Pass steht als Geburtsjahr 1961. Ob das stimmt, weiß ich nicht. Es spielt keine Rolle. Ich wüsste nur gerne, was für ein Tag das war.

Meine Eltern hatten sich lange Zeit einen Jungen gewünscht. Alle Paare wünschen sich Jungen. Die männlichen Nachfahren bleiben in der Familie, sie führen den Namen des Vaters fort. Die Mädchen gehen aus dem Haus in die Familie ihrer Männer. Söhne gelten den Eltern demzufolge als Versicherung für die Zukunft. Wenn männliche Nachkommen geboren werden, feiern viele Familien ein Fest.

Meine Mutter hatte schon vor mir einen Sohn zur Welt gebracht, doch der starb kurz nach seiner Geburt. Nachdem meine Eltern den Säugling in Nusaybin begraben hatten, schändeten Muslime sein Grab. Sie öffneten es und nahmen den Leichnam heraus. »Das ist ein unreiner Mensch!«, riefen sie.

Meine Eltern waren entsetzt von dieser Tat. Umso sehnlicher wünschten sie sich wieder einen Sohn. Durch eine Christin in der Nachbarschaft erfuhr meine Mutter von einer uralten Kirche, die zwischen Nusaybin und der Nachbarstadt Mardin steht. In der Kirche befindet sich ein kleiner Raum, dem eine besondere Kraft innewohnen soll: Schlief eine Frau dort eine Nacht, so hieß es, würde ihr nächstes Kind ein Junge werden. Vielen Frauen sollte diese wunderbare Kirche zu dem gewünschten Nachwuchs verholfen haben.

Meine Mutter griff die Gelegenheit beim Schopfe und machte sich, begleitet von meinem Vater, auf den Weg. Die christlichen Würdenträger brachten meinem Vater Hochachtung entgegen. Daher hatten sie nichts gegen den Wunsch meiner Eltern einzuwenden. Sie verbrachten eine Nacht in der Kirche. Und tatsächlich, neun Monate später kam mein Bruder Adil zur Welt.

Die Kirche, durch die dieses Wunder geschehen war, heißt Dyr Hamer. Zwei meiner Cousins mütterlicherseits wurden nach dieser Kirche benannt, weil ihre Mütter sie empfingen, nachdem sie dort geschlafen hatten.

Bei den Jesiden werden nur die Jungen getauft. Ein Geistlicher schneidet dem Kind während der Zeremonie ein Stück Haar von der rechten Seite des Kopfes ab. Die Taufen finden vorzugsweise in Lalisch – unserem religiösen Zentrum im Nordirak – statt. Doch sie sind auch an jedem anderen Ort möglich.

Zum Zeitpunkt meiner Geburt lebten bereits drei Cousins im Haushalt meiner Eltern. Ihr Vater war einer Blutfehde zum Opfer gefallen, ihre Mutter mit einem ihrer Cousins durchgebrannt. Die Kinder ließ sie zurück. Meine Mutter holte die drei Jungen zu uns und zog sie groß. So wuchsen wir drei Schwestern mit ihnen auf. Sie waren für uns wie Brüder.

Als meine Mutter mit mir schwanger war, hatte einer der Cousins zu ihr gesagt: »Hoffentlich wird es dieses Mal ein Junge!«

»Und wenn nicht«, antwortete meine Mutter, »dann ist das Mädchen dir versprochen.«

Seither erzählte mein Vater den Leuten: »Meine Töchter sind für meine Neffen bestimmt.«

Der besudelte Brunnen

Meine früheste Kindheitserinnerung führt mich in das Haus, das meine Eltern in Nusaybin in der türkischen Provinz Mardin erbaut hatten. Ein Grenzübergang trennt Nusaybin von der syrischen Nachbarstadt Al-Qamishli. Während ich meine Zeit in der Wohnung eines väterlichen Freundes verbrachte, bei dem wir vorübergehend wohnten, wuchs auf dem großen Grundstück am Stadtrand – direkt am Fluss – ein stattliches Haus mit drei Etagen und kleinen Fenstern. Zwei Anbauten waren für Läden bestimmt. Dort sollte es Kleidung, Stoffe und Lebensmittel zu kaufen geben. Außerdem gab es Garagen. Meine Mutter ging häufig zu meinem Vater auf die Baustelle, um ihm und den Arbeitern zu helfen.

Wir bezogen das neue Haus, als ich sechs Jahre alt war. Im Erdgeschoss befand sich ein riesiges Wohnzimmer, daneben das Schlafzimmer meiner Eltern. Die Küche lag etwas abseits. Sie hatte einen eigenen Zugang von außen. So konnten die Frauen ungestört kochen, wenn Besuch kam. Nebenan war ein großer Waschraum mit Becken aus Beton. Und schließlich war da noch ein kleiner Raum: das Plumpsklo. Im ersten Stock über der Küche befand sich eine Terrasse, an die unsere Kinderzimmer grenzten. Wurde es drinnen zu heiß, schleppten wir Kinder unsere Matratzen und Decken, die meine Mutter aus Schafwolle hergestellt hatte, hinaus auf die Terrasse und bauten uns daraus ein großes Bett. Darin schliefen im Sommer wir drei Schwestern, unsere Cousins und Kinder, die zu Gast waren.

Ich liebte es, unter freiem Himmel zu liegen. Ich sah in die dunkle Nacht und beobachtete die Sterne. Meine Mutter sagte: »Wenn man sieht, dass sich zwei Sterne aus verschiedenen Sternbildern treffen, bringt das Glück.«

Wir waren die einzige jesidische Familie in Nusaybin. Was es bedeutet, als jesidische Minderheit unter Muslimen zu leben, hatte mein Vater sich wahrscheinlich nicht vorstellen können, als er sich mit seiner Familie in Nusaybin niederließ und ein Haus baute.

In den Häusern der Stadt gab es kein fließendes Wasser. Alle Frauen aus der Siedlung kamen mit ihren Krügen, die sie auf der Schulter trugen, zu einer Wasserstelle direkt vor unserem Haus.

Einmal ging meine älteste Schwester Wasser holen. Da passierte etwas Ungeheuerliches: Während meine Schwester – sie war vielleicht dreizehn Jahre alt und sehr hübsch – ihren Wasserkrug füllte, kam eine ältere, schmuddelige Frau geradewegs auf sie zumarschiert. Sie schob sie beiseite und schimpfte: »Geh weg! Du bist schmutzig.«

Die Frau scharrte rote Erde auf der Straße zusammen und scheuerte die Wasserstelle damit, als wäre sie befleckt. »Die Stelle ist unrein, eine Jesidin hat sie betreten!«, fluchte sie unaufhörlich vor sich hin.

Meine Schwester kam weinend nach Hause gelaufen und erzählte meinen Eltern, was geschehen war. Darauf nahm mein Vater sie bei der Hand und ging mit ihr zurück zur Wasserstelle, wo die Alte noch immer schrubbte.

»Hört, ihr Muslime, kommt her!«, rief mein Vater laut in alle Richtungen. Es gab keine Autos, die Lärm verbreiten konnten. So war der Ruf meines Vaters weithin hörbar. Es dauerte nicht lange, bis sich rings um den Brunnen eine dichte Menschentraube gebildet hatte.

Nun packte mein Vater, der noch immer meine Schwester an der Hand hielt, mit seiner anderen die Hand der Alten. Eine muslimische Frau darf nicht von einem fremden Mann berührt werden. Sie wird durch diese Berührung unrein, heißt es.

Er riss beide Hände nach oben. »Ist dieses Mädchen unrein? Oder ist es diese alte Frau, die sich Tochter Mohammeds nennt? Wer ist schmutzig, dieses Mädchen oder diese Frau?«

Niemand antwortete. Viele senkten beschämt den Kopf.

Mein Vater fuhr fort: »Es ist eine Schande! Wenn ein Kind sich so verhalten hätte wie diese alte Frau, hätte ich es verziehen. Ein Kind kann nicht so weit denken. Doch für eine Frau, die fünfmal am Tag zu Gott betet – dass sie nichts Schlechtes tut, dass sie nicht lügt, dass sie nicht schlecht über andere Menschen denkt, dass sie anderen keinen Schaden zufügt – ist das unerhört. Was sie getan hat, ist unmenschlich. Ich als einziger Jeside in dieser Stadt mache keinen Unterschied zwischen Muslimen und Jesiden. Deshalb habe ich Nusaybin als Wohnsitz gewählt. Ich dachte, ich kann mit meinen Kindern in Ruhe und Frieden hier alt werden. Schämt euch!«

Die Leute waren betroffen. Mein Vater ließ die Hand der alten Frau los und ging mit meiner Schwester ins Haus.

Des Teufels

Doch es gab weder Ruhe noch Frieden! Mein Vater war oft einen Tag lang, manchmal sogar länger, mit Tierhändlern oder Bauern unterwegs, die in Syrien Tabak verkaufen wollten. Wir wussten nie, wann er zurückkommt. Mal kam er in der Nacht, mal am Tage. Gelegentlich wurden wir nachts wach, weil er mit fünfzehn, zwanzig Leuten gekommen war. Manchmal verschwand er einfach, ohne dass wir wussten wohin oder wie lange er bleiben würde. Sobald meine Mutter mit uns Kindern allein war, verloren die Muslime jegliche Scheu und suchten Anlass zum Streit.

An Sekat, dem Tag der Wohltätigkeit, kränkte es uns besonders. An diesem Tag bringt jeder seinem Nachbarn Fleisch, Obst, Süßigkeiten, Salz, Zucker, Mehl, Geld oder was immer er von Herzen geben will. An unserem Haus zogen alle Nachbarn vorbei, keiner brachte uns etwas. Sie meinten: »Wenn wir den Jesiden etwas geben, ist das Sünde. Das wird von Gott nicht anerkannt. Sie sind Teufelsanbeter.« Als mein Vater dies erfuhr, sagte er: »Ich muss meine Familie hier wegbringen!«

Eines Tages erfuhr ich am eigenen Leib, was es heißt, eine Jesidin zu sein. Ich spielte häufig mit einem Mädchen aus der Nachbarschaft. Einmal gerieten wir in Streit. Ich weiß nicht mehr, worum es ging. Jedenfalls wurde sie zornig und beschimpfte mich: »Du gehörst zum Kreise des Teufels! Ihr habt keinen Gott.«

Jesiden werden von Muslimen »Teufelsanbeter« genannt, weil

sie neben Gott auch den Engel Taus-î Melek verehren, den viele Nichtjesiden fälschlicherweise mit dem Teufel gleichsetzen.

»Ihr Muslime habt selbst keinen Gott«, warf ich ihr an den Kopf. »Euer Prophet ist kein Gott!«

Das hörte ihre Mutter. Sie stürzte herbei. Wutentbrannt verpasste sie mir rechts und links Ohrfeigen.

Ich weinte.

Sie schrie: »Jawohl, du gehörst zum Kreise des Teufels! Ihr habt keinen Gott!«

Das wiederum vernahm meine Mutter. Sie kam nach draußen gelaufen. Schnaufend vor Wut schimpfte sie auf die Nachbarsfrau. Diese fiel ihr kreischend ins Wort. Meine Mutter schrie zurück. Die Frauen gifteten sich an.

So war direkt vor unserem Haus ein Religionsstreit ausgebrochen. Alle Frauen aus der Siedlung liefen zusammen, auch Männer kamen hinzu. Ohne Rücksicht darauf, dass meine Mutter schwanger war, schlugen einige Frauen auf sie ein.

Zufällig waren drei Pirs bei uns zu Besuch. Die Geistlichen hatten mit meiner Mutter in unserer Wohnung gesessen und sich unterhalten. Als sie den Krach hörten, eilten auch sie auf die Straße.

Pirs genießen als geistliche Oberhäupter hohes Ansehen in unserer Religion. Ihr Wort hat großes Gewicht. Nicht so bei den Muslimen: Die erkannten die Autorität der weisen Männer nicht an. Vergeblich versuchten die Pirs, den Streit zu schlichten. So wurde weiter gestritten und geschlagen, sogar Steine flogen.

Meine Schwester eilte ebenfalls – eine Schrotflinte in Händen – zu Hilfe. Verzweifelt schoss sie in die Luft. Einer der Pirs riss ihr das Gewehr aus der Hand und hielt damit die Muslime in Schach. Widerwillig und unter Flüchen zogen sie sich zurück.

Als mein Vater spätabends aus dem Nachbardorf heimkehrte, sah er das geschwollene, von blauen Flecken gezeichnete Gesicht meiner Mutter. Auch die Pirs hatten einiges abbekommen.

Vater fragte die Pirs, was geschehen war. Sie erzählten ausführlich. Wütend erklärte mein Vater: »Wir zeigen sie an!« Begleitet von den Pirs fuhr er zur Gendarmerie. Sie schilderten den Polizisten, was sich zugetragen hatte. Alles wurde protokolliert. Mein Vater verlangte, die Männer zu verhaften. Die Frauen sollten ungestraft bleiben. Es gehört sich bei uns nicht, eine Frau anzuzeigen. So wurden nur die Männer abgeholt und eingesperrt.

Darauf kamen die Frauen und Verwandten der Inhaftierten zu meinem Vater und jammerten: »Es ist etwas Unmenschliches passiert. Entschuldige! Es soll nie wieder vorkommen!« »Bleib wenigstens du ein Mensch«, fügten sie bettelnd hinzu. »Geh noch einmal zur Polizei und tu etwas, damit unsere Männer freigelassen werden.«

Sie ließen ihm keine Ruhe. Von früh bis spät setzten sie ihm zu. Also ging er erneut zur Polizei und sagte: »Lasst sie frei. Sie haben schließlich einen ordentlichen Schreck bekommen.«

So verschaffte sich mein Vater ein hohes Ansehen unter den Muslimen von Nusaybin. Auch die Behörden hatten großen Respekt vor ihm, denn er war mit Christen ebenso befreundet wie mit Muslimen. »Freundschaft ist etwas Besonderes«, sagte er. »Man kann Freundschaften pflegen, ohne den Glauben des anderen anzugreifen.«

Wir Jesiden tolerieren die anderen Religionen. In einem unserer Gebete heißt es: »Gott beschütze erst alle anderen Völker und dann uns.« Dementsprechend versuchen die Jesiden nicht, andere Menschen zu ihrem Glauben zu bekehren wie es Muslime oder Christen tun.

Dem jesidischen Brauchtum gemäß achtete mein Vater die anderen Religionen. Für ihn gab es bei der Beurteilung von Menschen keine Unterschiede religiöser Natur. In diesem Sinne hat er auch uns Kinder erzogen. Dafür liebe ich ihn.

»Die kann nicht mal Türkisch«

Außer meinem Vater hatte ich niemanden, der mir etwas für das Leben beibrachte. Die türkische Schulpflicht vermochte nicht zu verhindern, dass viele Kinder nicht die Schule besuchten. In manchen Dörfern existierte nicht einmal eine. Und selbst in den Orten, in denen es eine Schule gab, war nicht sicher, dass die Kinder in den Genuss schulischer Bildung kamen. Entweder waren sie gar nicht amtlich gemeldet, sodass es niemandem auffiel, wenn sie dem Unterricht fernblieben, oder die Eltern waren zu arm. Sie konnten keine Schulbücher kaufen und besaßen nichts, womit sie den Lehrer hätten bezahlen können. Dabei handelte es sich nicht um Geld: Jede Familie eines Schulkindes musste zur Versorgung des Lehrers beitragen. Sein »Gehalt« wurde täglich in Naturalien bezahlt. Einer gab ein Brot, ein anderer Joghurt, wieder ein anderer Honig.

Doch die Armut war für die Jesiden nur ein Vorwand, um die Mädchen von der Schule fernzuhalten. Sie sollten ja gar nichts lernen! Ein Mädchen muss nähen, sticken, kochen und den Männern der Familie dienen. Um das zu lernen, braucht das Mädchen keine Schule. Das lernt es zu Hause. Ein jesidisches Mädchen bleibt in den vier Wänden seiner Familie, es geht nicht hinaus. Schon gar nicht, wenn die Gefahr besteht, mit Muslimen in Berührung zu kommen, die uns gedemütigt hatten. Deshalb verbot unser Vater meinen Schwestern und mir den Schulbesuch.

Meine Schwester Ilza, die sich nicht damit abfinden wollte, schickte er zu Verwandten in ein Dorf, in dem nicht so viele Muslime lebten. Dort lernte sie lesen und schreiben. Nach etwa einem Jahr warf mein Vater seine Bedenken über Bord. Meine Schwester durfte zu uns zurückkommen und fortan in Nusaybin die Schule besuchen.

Und ich sollte mit ihr gehen! Ich war überglücklich, dass ich endlich etwas lernen durfte. Aufgeregt und ungeduldig fieberte ich dem ersten Schultag entgegen. Es war eine große Schule. Über dreißig Jungen und Mädchen bevölkerten den engen Klassenraum. Auf dem Stundenplan stand neben Lesen, Schreiben und Mathematik die Geschichte der türkischen Republik.

Meine Freude wurde schon am ersten Tag getrübt: In der Schule wurde nur Türkisch gesprochen! Ich verstand diese Sprache nicht. Zu Hause sprachen wir den kurdischen Dialekt Kurmanji, den Atatürk mit Einführung des Türkischen als Amtssprache verboten hatte.

Meine Eltern waren nie zur Schule gegangen. Meine Mutter spricht bis heute kein Wort Türkisch. Sie kann weder lesen noch schreiben. Mein Vater spricht ein wenig Türkisch. Beim Militär hatte er ein bisschen Lesen und Schreiben gelernt.

Wenn mich der Lehrer in der Schule etwas fragte, konnte ich nicht antworten. Ich verstand die Frage nicht. In der Pause lachten mich die anderen Kinder aus. Sie zeigten mit dem Finger auf mich. Wahrscheinlich riefen sie: »Schaut mal, die kann nicht mal Türkisch!« Das war mir so peinlich, dass ich aus der Klasse rannte.

Noch schlechter behandelte mich der Lehrer: Ich musste Sätze auf Türkisch sagen. Gelang mir das nicht, hagelte es Hiebe – meist mit dem Stock auf die Hände. Entweder der Lehrer kam zu meinem Platz, oder er holte mich – was ungleich schlimmer war – nach vorne und bestrafte mich vor versammelter Klasse.

Wie alle Kinder in der Türkei trugen wir Schuluniformen. In schwarzem Kittel mit weißem Kragen traten wir morgens auf dem Schulhof an, um die türkische Nationalhymne zu singen. Wer sie nicht auswendig konnte – so wie meine Schwester und ich – wurde mit dem Stock gezüchtigt. Es ist unvorstellbar, wie viele Schläge ich einsteckte.

Bevor der Unterricht begann, mussten wir manchmal die Hände flach auf den Tisch legen. Der Lehrer machte seine Runde durch die Reihen und schaute sich unsere Hände und Fingernägel an. Waren sie schmutzig, gab es wieder eins mit dem Stock.

Viele Kinder hatten schmutzige Hände, denn sie mussten bei der Arbeit auf dem Feld helfen. Ausgetrocknet von Sonne und Erde, hatten sich tiefe Risse in unsere Handflächen gegraben. Die bekam man nicht ohne Weiteres sauber. Aus Angst vor den Schlägen rieben wir uns die Hände vor der Schule mit Fett ein, damit sich der Schmutz aus den Rissen löste.

Zweimal die Woche kam nach dem Unterricht ein Imam in die Schule, der die Schüler im Islam unterrichtete. Die muslimischen Schüler beteten zu Allah und seinem Propheten Mohammed. An diesem Koranunterricht nahmen wir als Jesiden nicht teil. Meine Schwester und ich gingen nach Hause, verfolgt von Beschimpfungen und Flüchen. »Ihr Teufelsanbeter!«, riefen sie uns hinterher.

Unser Lehrer, der sah, wie uns die anderen schikanierten, gab sich hilflos. Wir flehten ihn an, uns beizustehen, doch er winkte nur ab: »Das sind Kinder – was soll man da machen?«

Unter diesen Umständen wurde es uns zunehmend zuwider, am Unterricht teilzunehmen. Ständig diese Gemeinheiten! Wir konnten nicht mehr. Mein Vater war sofort einverstanden. Wir kehrten der Schule den Rücken.

Xezal, das versehrte »Reh«

Manchmal besuchte uns das Mädchen Xezal. Sie war etwa sechzehn Jahre alt. Xezal war wie wir Jesidin, ihr Name bedeutet »Reh«. Xezal war wegen ihrer Schönheit von einem Muslim entführt worden. Er hatte sie geheiratet und gezwungen, seinen Glauben anzunehmen. Ihre eigene Religion durfte sie nicht mehr ausüben. Den Kontakt zu Jesiden hatte ihr der Mann verboten. Sie musste wie die Muslime beten und die muslimischen Traditionen und Rituale pflegen. Das ist nicht ungewöhnlich: Bei Muslimen gilt es als gute Tat, Menschen aus einem anderen Glauben zum Islam zu bekehren.

Das Mädchen erzählte uns von seinem Schicksal, oft weinte sie. Wir beteten miteinander. Meine Mutter schenkte ihr manchmal ein Stück Seife oder Kleider meiner Schwestern.

Jesidischen Frauen war es ebenso wie muslimischen Frauen verboten, allein auf die Straße zu gehen oder Bekannte zu besuchen. Wenn Xezal gemeinsam mit anderen Frauen Wasser holte, stellte sie sich in der Reihe absichtlich ganz hinten an. Fühlte sie sich unbeobachtet, huschte sie heimlich zu uns herein. Von unserem Garten aus konnten wir die Wasserstelle beobachten. Hatten alle Frauen ihre Krüge gefüllt, sprang das Mädchen wieder zum Wasserhahn.

Trotz aller Vorsicht entging den anderen Frauen nicht, dass Xezal uns regelmäßig besuchte. Doch sie verschwiegen es Xezals Schwiegermutter, die ihre Schwiegertochter sicher dafür geschlagen hätte, dass sie uns heimlich besuchte.

Nicht einmal weglaufen konnte sie. Sie wusste nicht wohin. Zu ihren Eltern oder Verwandten konnte sie nicht zurück. Durch ihre Ehe mit einem Muslim galt Xezal in den Augen der Jesiden als »beschmutzt«. Nie mehr hätten ihre Eltern sie als Tochter akzeptieren können. Und wenn sie dennoch zu ihren Eltern zurückgekehrt wäre, hätten die Muslime ihren Vater und ihren Bruder umgebracht.

Es gab keinen Ausweg. Xezal sagte oft, sie würde sich umbringen, so verzweifelt war sie. Wir versuchten, sie davon abzuhalten: »Das ist dein Schicksal. Versuche damit zu leben, auch wenn es schwierig ist.«

Gülistan heiratet

Eines Tages hielten vor unserem Haus drei Autos. Sieben Männer verschiedenen Alters stiegen aus. Sie hatten im Ort nach uns gefragt. Ein kleiner Junge hatte ihnen den Weg gezeigt: »Dort wohnt die jesidische Familie.«

Mein Vater war unterwegs. Keiner wusste, wo er sich aufhielt. Es hatte also keinen Sinn, nach ihm zu suchen. So empfing meine Mutter die Besucher.

»Ist das das Haus von Melek?«, fragte einer der Männer.

Meine Mutter bejahte.

»Wir sind Gäste für Herrn Melek.«

Meine Mutter bat die Männer hinein: »Herzlich willkommen!«

Im Haus sagte einer der Männer zu meiner Mutter: »Wir müssen Melek sprechen.«

»Warum, was ist passiert?«, fragte sie aufgeregt.

Ein älterer Mann antwortete: »Schwester, beruhige dich, wir sind aus einem guten Grund hier. Wir sind aus Deutschland gekommen, um deine Tochter zu sehen.«

Nun begriff meine Mutter, was die Männer wollten. Sie waren auf Brautschau. Meine Mutter kannte den Namen der Familie. Sie wusste, dass es sich um Mitglieder einer angesehenen Familie handelte.

Unter den Besuchern befand sich ein Sheikh. Der Sheikh ist ein jesidischer Geistlicher. Jeder Sheikh ist verantwortlich für bestimmte Familien, die den Murids angehören. Die jesidische

Gesellschaft gliedert sich in die Kaste der Laien, die Murids, und die beiden Kasten der Geistlichen, Pirs und Sheikhs. Die Zugehörigkeit zu einer Kaste wird vererbt. Nur Angehörige ein- und derselben Kaste dürfen heiraten. Normalerweise heiraten die Jesiden innerhalb ihrer Großfamilie.

Die Eltern des Sheikhs, der selbst in Deutschland lebte, pendelten zwischen Syrien und der Türkei. Sie hatten uns oft besucht und waren meist wochenlang in unserem Haus zu Gast gewesen, weil wir die einzige jesidische Familie in Nusaybin waren. Bei einem ihrer kürzeren Aufenthalte in unserem Haus hatte ihr Sohn sie begleitet. Ihm war die Schönheit meiner Schwester Gülistan aufgefallen, die begonnen hatte, zur Frau zu erblühen.

Zurück in Deutschland hatte er unsere jetzigen Gäste besucht – damals eine der wenigen jesidischen Familien in Deutschland. Der Vater des Jungen hatte den Sheikh gefragt: »Warum heiratet mein Sohn nicht? Unter unseren Verwandten gibt es so viele anmutige Mädchen, aber mein Sohn will sie nicht.«

Der Sheikh hatte geantwortet: »Ich kenne die Familie Melek in der Türkei. Mirid Melek hat eine sehr schöne Tochter. Sie ist dreizehn oder vierzehn Jahre alt. Die passt zu deinem Sohn.«

Der Vater kannte unsere Familie dem Namen nach. Er wusste, dass wir eine angesehene Familie sind.

Es ist so: Wenn jemand ein Mädchen heiraten will, fragt er zuerst nach dem Vater des Mädchens und nach seinem Onkel, der das Familienoberhaupt der Familie der Mutter ist. Es heißt, ein Kind kommt sowohl nach dem Vater als auch nach dem Onkel. Werden beide von der Gesellschaft hoch geschätzt, kann niemand von den Verwandten Einwände gegen die Hochzeit erheben.

Der Junge hatte die Äußerung des Sheikhs mit großen Ohren vernommen und ihn gebeten, mehr von diesem wundervollen Mädchen – meiner Schwester – zu erzählen.

»Wenn du sie siehst«, hatte der Sheikh sie gepriesen, »wirst du sie begehren.«

Als der junge Mann das gehört hatte, drängte er den Sheikh, seinen Vater zu überreden, in die Türkei zu fahren, um das Mädchen in Augenschein zu nehmen.

Meine Schwester Gülistan servierte Kaffee. Der junge Mann und vermeintliche Bräutigam verliebte sich auf den ersten Blick in sie.

Nach dem Kaffee eröffnete der Junge meiner Mutter: »Wenn ich das Mädchen nicht kriege, wenn ich sie nicht mitnehmen darf, werde ich nicht zurück nach Deutschland fahren. Ich werde so lange hierbleiben, bis ihr ›Ja‹ sagt!«

Meine Mutter erklärte meiner Schwester, dass die Leute ihretwegen gekommen seien und fragte sie: »Willst du diesen Jungen?«

»Das muss Vater entscheiden«, erwiderte Gülistan. »Und Vater ist nicht zu Hause.«

Jesidischen Frauen ist es vorgeschrieben, sich dem Willen des Familienoberhauptes zu fügen – auch wenn sie Angst oder Bedenken haben. Ohne das Einverständnis unseres Vaters konnte Gülistan ihr Ja-Wort nicht geben. Trotzdem wird auch die Tochter gefragt, aber das ist nur eine rituelle Frage, ihre Antwort beeinflusst nicht das weitere Geschehen.

Die Männer stiegen in ihre Autos und machten sich auf den Weg durch die Dörfer, um meinen Vater zu suchen. Die Suche dauerte zwei Tage. Als sie ihn gefunden hatten, sagten sie zu ihm: »Wir sind gekommen, weil wir um die Hand deiner Tochter anhalten wollen.«

Mein Vater zeigte sich über den Besuch aus Deutschland hocherfreut. Er fühlte sich geehrt, dass die Mitglieder einer so angesehenen Familie die Mühen des langen Weges in die Türkei nicht gescheut hatten. Es erfüllte ihn mit Stolz, dass die Schönheit seiner Tochter den guten Ruf seiner Familie bis nach Deutschland getragen hatte.

Gemeinsam kehrten die Männer nach Nusaybin zurück. Mein Vater ging zu meiner Mutter und sagte: »Du weißt, weshalb die Familie gekommen ist. Gehe zu deiner Tochter und frage sie, ob sie den Jungen heiraten will.«

Meine Mutter ging zu meiner Schwester: »Du weißt, weshalb die Leute hier sind, Gülistan. Dein Vater hat nichts gegen die Hochzeit. Überlege dir gut, ob du das willst. Du musst in die Fremde. Du siehst uns nicht mehr. Du wirst uns vermissen. Du kommst in eine fremde Familie.«

Meiner Schwester gefiel der Junge. Sie wollte ihn heiraten.

Meine Mutter ging zu meinem Vater: »Ich habe mit deiner Tochter gesprochen. Sie will den Jungen heiraten.«

Mein Vater teilte den Leuten, die in der Wohnstube saßen, mit: »Wir haben beraten. Meine Tochter ist einverstanden. Es spricht nichts gegen die Heirat.«

An dieser Stelle bestimmt der Brautvater für gewöhnlich die Höhe der Mitgift, die er von der Familie des Bräutigams wünscht. Doch weil es eine angesehene Familie war, forderte mein Vater nichts. Er konnte davon ausgehen, dass sie von sich aus reichlich geben würden.

Meine Schwester wünschte sich ein Goldcollier. Angesehene Familien sagen niemals nein, egal, wie viel Gold sich die Braut wünscht. Es ist für die Sicherheit des Mädchens bestimmt. Wenn die neue Familie schlecht zu ihr ist und sie Essen und Kleider für sich und die Kinder braucht, darf sie das Gold verkaufen.

Als am späten Abend alles besprochen war, brach der Bräutigam mit drei Männern auf, um in die Stadt zu fahren und Weintrauben, Äpfel, Orangen und Süßigkeiten zu kaufen. Eine andere Gruppe holte Musiker – jede Stadt, jedes Dorf hat Musiker, die für bestimmte Anlässe zuständig sind.

Mein Vater beauftragte zwei Männer, die Leute einzuladen, die unserer Familie nahestanden. Die beiden Männer gingen zu Nachbarn, Verwandten, Freunden, Bekannten und verkündeten: »Onkel Melek schickt uns. Schöne Grüße von ihm. Seine Tochter heiratet. Morgen abend ist Verlobung. Ihr seid herzlich eingeladen.«

Doch man kann die Leute nicht einfach nur einladen. Traditionell erhalten die Gäste ein Geschenk. Für die Frauen werden Stoffe gekauft, die Männer erhalten Hemden oder Ringe. Je nachdem, wie nahe die Familie den Gastgebern steht, umso mehr bekommt sie.

Am nächsten Morgen begannen die Vorbereitungen zur Hochzeit. Eine Frau, die sich mit Kleiderstoffen auskannte, brachte Stoffe ins Haus, aus denen das Hochzeitskleid und Alltagskleider genäht werden sollten. Das Mädchen konnte ja nicht ohne Kleider zur neuen Familie gehen. Gülistan suchte sich aus, was ihr gefiel.

Nachdem die Stoffe gekauft waren, wurde eine Schneiderin ausgesucht. Es gab viele Schneiderinnen, Mutter beauftragte die beste. Die Kleider wurden nach Gülistans Wünschen maßgeschneidert. Zum Brautkleid trug sie einen kurzen Schleier, der über das Gesicht fiel.

Alles, was die Braut benötigt, bezahlt der Vater des Bräutigams. Für den Bräutigam werden traditionell Hochzeitsanzug, Hemd, Krawatte und Schuhe gekauft. Nur das bezahlt der Vater des Mädchens. Wenn er möchte, kauft er für seinen Schwiegersohn auch einen Siegelring oder Manschettenknöpfe.

Die Feierlichkeiten währten die ganze Nacht. Bis in die frühen Morgenstunden wurde getanzt.

Am nächsten Tag verabschiedet sich die Braut von ihrer Familie und den Freunden. Bei der Verabschiedung meiner Schwester weinten alle Familienmitglieder, denn sie war nun auf immer für unsere Familie verloren. Gute Wünsche sollten ihr den schweren Schritt in die Zukunft erleichtern: »Sei eine gute Ehefrau. Sei gut zu deinen Schwiegereltern. Wir wollen deinen Namen nur in ehrenvollem Tone hören.«

Als sich der Schwiegersohn von meiner Mutter verabschiedete, sagte sie zu ihm: »Pass auf mein Mädchen auf!«

Während der langen Verabschiedungszeremonie bildeten die jungen Leute und die Kinder ein Spalier bis zu den Autos, mit denen die Gäste und das Brautpaar zu den Schwiegereltern in Batman fahren sollten. Als das Brautpaar mit dem Auto in Batman ankam, versperrten wiederum Kinder den Weg. Sie gaben ihn erst frei, als der Bräutigam Münzen und Bonbons aus dem Fenster warf, auf die sich die Kinder schreiend stürzten.

Abschied von Nusaybin

Eine Woche nach der Hochzeit machte sich meine Schwester mit ihrem Ehemann und seinen Verwandten auf den weiten Weg nach Deutschland. Zu dieser Zeit konnte jeder als Gastarbeiter nach Deutschland gehen, denn es wurden händeringend Arbeitskräfte gesucht. Später kamen viele Jesiden aus politischen Gründen, entweder weil sie als Kurden verfolgt wurden oder wegen der Probleme zwischen muslimischen und jesidischen Kurden.

Gülistan war erst wenige Monate in Deutschland, da erhielten wir eine Nachricht von ihr. Meine Schwester bat darum, dass mein Vater sie besuchte. Sie hielt es in der fremden Stadt, in dem fremden Land, in der fremden Familie nicht mehr aus. Vorsorglich hatte sie meinem Vater eine Besuchserlaubnis für drei Monate besorgt.

Die Nachricht Gülistans erschütterte uns. Mein Vater wollte Gülistan helfen – das war keine Frage. Doch wollte er uns nicht alleine monatelang in Nusaybin zurücklassen. Zu oft hatten uns die muslimischen Nachbarn in seiner Abwesenheit beschimpft oder sogar körperlich angegriffen.

Was blieb Vater anderes übrig: Er verkaufte unser schönes Haus und einen Teil unseres Viehbestandes. Die anderen Tiere – Schafe, Ziegen und Kühe – vertraute er Verwandten meiner Mutter an.

Wir zogen in das jesidische Dorf Kulika. Mein Vater kannte den Großgrundbesitzer, einen Muslim. Diesem Patriarchen, auch Aga genannt, gehörten viele Felder, sogar mehrere Dörfer. Der Besitz wurde in der Familie weitervererbt. Die beiden wurden sich schnell einig: Mein Vater kaufte bei dem Patriarchen ein Stück Land, auf dem ein Haus stand.

Mit einem offenen Lkw begaben wir uns auf die Reise ins dreißig Kilometer entfernte Kulika. Nie zuvor in meinem Leben hatte ich mich so weit von Nusaybin entfernt. Auf der Ladefläche des Lastwagens befanden sich unsere Habseligkeiten: Der Gasherd – wir kochten mit Gas aus Flaschen –, Töpfe und Schüsseln aus Kupfer, große runde Tabletts und Teller aus Metall. Außerdem handgewebte Teppiche, Decken, Kissen und Matratzen. Möbel besaßen wir nicht. Nur eine braune Truhe hatte meine Mutter – wunderschön geschnitzt aus Holz. Darin verwahrte sie all ihre Schätze: Kopftücher, Stoffe für Kleider, Bettlaken aus Seide.

Ich saß auf dem Wagen und hielt meine Puppenwiege fest an mich gedrückt, damit ihr nichts passierte. Ein Freund meines Vaters hatte die Wiege für mich geschnitzt und bunt angemalt. Meine Mutter hatte winzige Kissenbezüge genäht und mit Schafwolle gefüllt. In den Kissen lag meine Puppe. Die Puppe hatte meine Mutter aus zwei Stöckchen gebastelt, die sie wie ein Kreuz zusammengebunden hatte. Das waren Arme und Beine. Für den Kopf hatte sie Stoff zu einer Kugel geformt und ein Gesicht darauf gestickt. Auch ein Kleidchen hatte Mutter für meine Puppe genäht. Die Puppe und die Wiege liebte ich abgöttisch, anderes Spielzeug besaß ich nicht.

Während der gesamten Fahrt bewegte mich allein die Frage: Was würde uns in dem fremden Dorf erwarten?

Nach einer halben Tagesreise kamen wir in Kulika an. Ich war enttäuscht. Das Haus, das nun unseres sein sollte, stand eingezwängt zwischen anderen Häusern inmitten des Dorfes. Es war klein – ein winziger Vorraum führte in das einzige Zimmer. Alles war eingestaubt und dreckig von den herumlaufenden Tieren. Es war unangenehm warm, die Luft klebrig und stickig. Neben dem Haus stand eine kleine Hütte, ein Schuppen, in dem meine Mutter kochen sollte. Im Vergleich zu dieser Behausung war unser Haus in Nusaybin ein Palast gewesen.

Im Innenhof gab es eine aus Lehm geformte Schlafstelle, auf der man die Matratzen ausbreiten konnte. Dort schliefen wir, wenn es im Sommer heiß war. Auch die Schafe und Ziegen schliefen bei uns im Hof. Hier waren sie sicher vor Wölfen und Banditen.

In Kulika lebten nur wenige Muslime, deshalb gab es mit ihnen keine Probleme. Zwar stritten sich auch die Jesiden manchmal, doch ihre Auseinandersetzungen waren längst nicht so hart, wie ich es in Nusaybin zwischen Jesiden und Muslimen erlebt hatte. Wir Jesiden sind ein friedfertiges Volk. Wenn wir nicht unter dem Druck stünden, unsere Religion bewahren zu müssen, uns nicht ständig als Minderheit behaupten müssten, wäre es einfacher, mit uns zu leben.

Wir Kinder spielten mit allen Kindern aus dem Dorf. Es gab hier viel mehr Tiere als in Nusaybin. Wir tollten mit Lämmchen und jungen Ziegen herum, jagten Vögel, badeten im Fluss. Wir durften jedoch niemals gemeinsam mit den Jungen baden. Die Mädchen trafen sich immer in einer Gruppe und gingen nur im Kleid ins Wasser. Schwimmen lernte ich nie.

Wir gingen der Mutter im Haus zur Hand, fegten ein bisschen den Hof und holten Erde. Die brauchte meine Mutter für ihr Baby, meine Schwester Geribi, die gerade geboren worden war. Meine Mutter siebte die Erde so fein, bis sie weich wie Puder war. Diese Erde streute sie auf ein weißes Tuch. Darauf wurde das Baby gelegt und ein großes Tuch darum geschlagen. Meine Mutter wechselte die Erde bei jedem Stillen. Alle kurdischen Kinder wurden so gewickelt.

Meine Mutter hatte einen Garten, wo sie Tomaten, Gurken, Wassermelonen, Paprika, Zucchini, Auberginen und Zwiebeln anbaute. In dieser Gegend ist es so warm, dass alles wächst, wenn man nur häufig genug gießt. Wir hatten ein eigenes Feld, auf dem wir den Roggen anbauten, um daraus Mehl zum Brotbacken zu mahlen. Im Sommer sammelte ich Roggenähren. Ich band sie zusammen und röstete die Garbe über dem Feuer. Das schmeckte köstlich.

Einmal ging ich auf ein großes Feld, auf dem Honig- und Wassermelonen wuchsen. Ich wollte eine probieren. Doch die Melone war noch nicht reif. Ich warf sie beiseite, pflückte die nächste, warf sie auf einen Stein, dass sie in hundert Teile zersprang, und probierte weiter. Auch die nächste Frucht war noch grün. So probierte ich die nächste und die übernächste ... Plötzlich kam ein alter Mann. Ich lief blitzschnell davon. Wer weiß, was passiert wäre, wenn er mich erwischt hätte!

In meiner Schule in Kulika wurden hauptsächlich jesidische Kinder unterrichtet. Obwohl der Lehrer ein Muslim war, gab es keine Probleme wegen unseres Glaubens. Es blieb ihm gar nichts anderes übrig, als uns anständig zu behandeln, denn er war abhängig von den Jesiden. Schließlich lebte er von uns, wir versorgten ihn mit Lebensmitteln.

Doch wieder wurde nur Türkisch gesprochen. Immerhin konnte ich jetzt schon ein bisschen davon verstehen. Endlich lernte ich schreiben, lesen und rechnen. Koranstunden gab es nicht.

Die Intrige

Mein Vater schrieb uns Briefe aus Deutschland. Mittlerweile hatte er in Celle in einer Keksfabrik Arbeit gefunden. So erarbeitete er sich den Anspruch auf eine Aufenthaltsgenehmigung. Vater schickte uns Geld, sodass es uns an nichts fehlte. Den Leuten im Dorf erzählte Mutter stolz: »Mein Mann ist in Deutschland, uns geht's gut.«

Die Briefe schrieb Vater in gebrochenem Türkisch. Das hatte er ja beim Militär gelernt. Kurdisch konnte mein Vater nicht schreiben – und es wäre ohnehin verboten gewesen.

Die Briefe adressierte er direkt an den Bürgermeister. Selbst wenn meine Mutter hätte lesen können, hätte sich dieser vom Postboten den Brief aushändigen lassen. Seine Befugnisse ermächtigten ihn dazu. Er hätte den Brief also so oder so gelesen. Irgendwann später, manchmal nach Tagen, manchmal nach Wochen, ließ er meine Mutter rufen und erzählte ihr, was mein Vater geschrieben hatte.

Meine Mutter sagte dem Bürgermeister, was er dem Vater antworten solle: »Sorge dich nicht, den Kindern geht's gut. Die Leute im Dorf respektieren mich. Die Tiere sind wohl versorgt. Der Hirt passt gut auf sie auf. Unsere Sorge seid allein ihr – Du und Gülistan.«

Ob der Bürgermeister wirklich schrieb, was meine Mutter ihm diktierte? Wir wussten es nicht.

Irgendwann blieben die Nachrichten von meinem Vater aus. Wochenlang. Monatelang. Beim Brotbacken – es gab nur einen

Lehmofen im Dorf – erzählte meine Mutter, dass sie sich sorgte, weil sie so lange nichts von meinem Vater gehört hatte. Da sagte eine Frau: »Was?! Bist du verrückt! Weißt du denn nicht, was passiert ist? Der Bürgermeister hat deinem Mann geschrieben, dass er ihm seine Tochter zur Frau geben will.«

Meiner Mutter war, als würde ihr jemand ein Messer ins Herz stechen. Als sie nach Hause kam, merkten wir sofort, dass etwas Schreckliches passiert war. Das Vertrauen zum Bürgermeister war zerbrochen. Ein paar Tage überlegte sie, was sie tun sollte.

Der ältere Sohn einer angesehenen Familie, die uns in Nusaybin besucht hatte, konnte lesen und schreiben. Zu ihm ging meine Mutter und diktierte ihm einen Brief an meinen Vater: »Seit Monaten bekommen wir keine Nachricht von dir. Ich habe gehört, dass du die Tochter des Bürgermeisters zu deiner Frau nehmen willst. Wenn das die Wahrheit ist, warum muss ich sie von anderen erfahren? Bitte antworte mir – aber nicht an den Bürgermeister, sondern an diese Familie.«

Nach kurzer Zeit, es dauerte keinen Monat, erhielt der junge Mann eine Antwort meines Vaters: »Macht Euch keine Sorgen. Fahre mit den Kindern nach Nusaybin und lasse Fotos für die Pässe anfertigen. Beantrage sofort die Papiere für Deutschland. Haltet Euch bereit. Ich komme und hole euch ab.«

Mein Vater hatte begriffen, dass es mit dem Bürgermeister Ärger geben würde. An der Behauptung, dass mein Vater die Tochter des Bürgermeisters heiraten wolle, war nichts dran. Doch für die Familie war es unter diesen Umständen das Beste, zu verschwinden.

Die große Reise

Ich wollte nicht nach Deutschland. Andere hätten alles darum gegeben, nach Deutschland zu kommen – ich nicht.

Wir fuhren nach Nusaybin. Ich erinnere mich genau an jenen Tag, an dem wir die Fotos anfertigen ließen. Der Fotograf hatte eine altertümliche Kamera, an der ein schwarzes Tuch befestigt war. Bevor er seinen Kopf in die Kamera steckte, warf er sich das Tuch über den Kopf. Ich schaute böse drein. Ein Freund meines Vaters, der uns begleitete, schimpfte: »Schau doch mal, die Schwarze, man bekommt ja Angst vor ihren Augen. Schau doch nicht so böse!«

Ich weinte. Es war das erste Mal, dass ich fotografiert wurde. Ich wusste nicht, wie mir geschah. Ich musste mich vor dem Spiegel kämmen und die Tränen trocknen. Mutter und wir Mädchen trugen ein Kopftuch. Als wir alle zusammen vor der Kamera standen, kamen mir wieder die Tränen. »Ich will hier bleiben, bei meiner Tante Sero!«, schluchzte ich. Doch es half nichts, ich musste mich mit den anderen fotografieren lassen.

Das Foto existiert noch. Außer mir ist meine Schwester Ilza, mein Bruder Adil und meine Mutter darauf zu sehen. Sie hält meine Schwester Geribi im Arm, die erst ein paar Monate alt war. Geribi ist die einzige in der Familie, von der es ein Bild als Baby gibt.

Im Juli 1973 packten wir unsere Sachen. Viel besaßen wir nicht. Außerdem dachten wir: In Deutschland gibt es alles. Die Tiere, Matratzen und Teppiche hätten wir ohnehin nicht mit ins Flugzeug nehmen können.

Mein Vater holte uns in der Türkei ab. Wir fuhren mit dem Bus nach Istanbul, wo wir bei Verwandten wohnten. Dort warteten wir zehn Tage, bis wir unsere Flugtickets bekamen. Es war die erste Großstadt in meinem Leben. Ich war überwältigt.

Der Flug war ein Traum, ich schwebte. Ich schaute durch das Fenster auf die Wolken. Dann schlief ich ein. Plötzlich rüttelte mich jemand an der Schulter, ich wachte auf. Über mich beugte sich die Stewardess, ansonsten war das Flugzeug leer. Kein Mensch weit und breit. Die anderen waren aus dem Flugzeug ausgestiegen. Alle wollten meine Schwester sehen und waren gespannt auf das neue Land. Sie hatten mich in der Aufregung glatt vergessen.

Über die Lautsprecher wurde ausgerufen: »Ein Kind sucht seine Eltern.« Da erst merkte meine Familie, dass ich fehlte. Mein Vater holte mich. Als ich ihn sah musste ich weinen.

Am Flughafen in Hannover erwarteten uns meine Schwester, mein Schwager und dessen Familie. Das Wiedersehen war überwältigend. Wir hatten meine große Schwester ein Jahr nicht gesehen. Die große Schwester ist etwas Besonderes. Wenn die Mutter nicht da ist, übernimmt sie ihre Aufgaben. Wenn die Eltern nicht mehr leben, übernehmen die älteste Schwester und der älteste Bruder deren Rolle. Sie bestimmen über die Familie. Es ist der jesidischen Tradition gemäß ihre Pflicht, die Eltern zu ersetzen. In guten wie in schlechten Zeiten.

Als wir unsere Schwester und unseren Schwager sahen, kamen uns allen die Tränen. Wir schrien, jubelten und weinten vor Freude, wir umarmten uns. Ich hörte mein Herz schlagen, ich kochte vor Glück.

Und der Flughafen von Hannover: Ich fühlte mich, als wäre ich in einem Königreich gelandet! Die vielen Menschen, die Frauen – wie sie angezogen waren! Wo hatten sie ihr Kopftuch?! Und die kurzen Haare! Warum trug niemand ein langes Gewand? Sie waren so sauber, so gepflegt. Die Frauen gefielen mir auf den ersten Blick.

Wir wurden auf die Autos der Verwandten verteilt und fuhren von Hannover nach Celle. Ich sah die hohen Häuser von Hannover. Zwar kannte ich das Stadtleben von Nusaybin und hatte einen flüchtigen Eindruck von Istanbul gewonnen. Doch das war niemals mit dem zu vergleichen, was ich hier sah: Die Straßen, die Autobahnen, die Brücken – ich war wie von Sinnen.

In Celle fielen mir als erstes die Gehsteige auf. Ich wunderte mich: Wieso gehen die Leute alle auf einem Weg? In Nusaybin bewegen sich Menschen und Autos kreuz und quer durcheinander. Erst langsam begriff ich: Da ist ein Weg für die Autos und da ein Weg für Menschen. Hocherfreut über diese Erkenntnis begann ich, auf dem Bürgersteig zu tanzen. Ich hüpfte vor Freude, so toll fand ich das. »Oh«, jubelte ich, »ist das schön!« In diesem Augenblick bildete ich mir ein, der Gehweg sei nur für mich – dass ich darauf gehen, tanzen, malen, sitzen kann.

Nackt

Der Anfang in der neuen Welt war schwer. Ich fühlte mich wie ein Blinder, der versucht, den Weg zu ertasten. Vor allem zwei Dinge waren ganz anders als in meiner Heimat: Frauen *brauchten kein* Kopftuch zu tragen und Kinder *mussten* zur Schule gehen.

Gülistan trug meist kein Kopftuch. Mein Vater konnte nichts dagegen tun, denn sie war verheiratet und sie musste sich lediglich danach richten, was ihr Mann von ihr verlangte. Solange ihr Mann erlaubte, dass sie kein Tuch trug, brauchte sie auch keines zu tragen. Und offenbar nahm er es mit dem Kopftuch nicht so genau.

Wir Mädchen betrachteten das Kopftuch als Bestandteil des eigenen Körpers und trugen es selbstverständlich auch in Deutschland. Viele Türken, die schon länger in Deutschland lebten, lachten uns aus: »Oh, die kommen aus der Provinz, die tragen ein Kopftuch!« Auch die Verwandten meines Schwagers trugen keine Kopftücher und machten sich über uns lustig.

Die erste Generation türkischer Einwanderer, die in den Sechzigerjahren nach Deutschland gekommen war, hatte sich schnell der deutschen Kultur angepasst. Viele Frauen waren allein gekommen, um als Gastarbeiterinnen Geld zu verdienen. Sie wollten nicht auffallen und hatten die Kopftücher abgelegt. Diese Frauen waren in vielerlei Hinsicht moderner als jene der zweiten und dritten Generation.

Ich war von klein auf gewohnt, das Haar zu bedecken. Das

Kopftuch ist ein selbstverständlicher Teil unserer Kultur. Ähnlich wie bei den Muslimen – nur dürfen bei uns Jesiden ein paar Haare herausschauen.

Morgens nach dem Aufstehen wusch ich mein Gesicht, zog mich an und band das Tuch um. Erst abends vor dem Schlafengehen legte ich das Tuch wieder ab. Es gibt einfache, billige Tücher für drinnen, die Lacik oder Desmal heißen, und Tücher für draußen, sogenannte Sharpa. Diese sind aus gutem Stoff, dicker und mit kräftigeren Farben. Carik ist ein besonderes Tuch für Feste und Hochzeiten. Es besteht aus weichem, dünnem Tüll und wird meist von älteren Frauen getragen. Die Ränder sind mit aufwendig gearbeiteten Symbolen aus Glassteinen verziert.

Irgendwann brachte meine große Schwester Kleider für uns Mädchen mit. Wir probierten die Sachen. Sie führte uns meinem Vater vor. Unvermittelt fragte sie: »Was soll das, warum sollen die Mädchen ein Kopftuch tragen?« Mein Vater nickte mürrisch: »Könnt ihr abmachen.«

So legte ich das Kopftuch ab – für immer. Anfangs kam mir mein Kopf leicht vor. Unwillkürlich tastete ich nach meinem Kopftuch und stellte fest: Ach, da ist ja gar nichts mehr. Es war, als wäre mir ein Bein amputiert worden. Die Ohren waren kalt. Mein Kopf fror. Manchmal fühlte ich mich nackt. Schutzlos. Ich erschrak, wenn ich zufällig mein Bild im Spiegel erhaschte.

Doch nach ein paar Wochen hatte ich mich daran gewöhnt, ohne Kopfbedeckung zu leben. Die älteren kurdischen Frauen tragen auch in Deutschland ein Kopftuch. Die Kurdinnen in meinem Alter oder jünger tragen meist keins. Auch meine Töchter tragen kein Kopftuch. Meine Mutter schon. Wären wir noch in einem kurdischen Dorf, würden wir selbstverständlich das Kopftuch tragen. Dort dürften wir auch keine Hosen anziehen. Bei uns heißt es: Eine Frau, die Hosen trägt, ist wie ein Mann. Sie ist keine richtige Frau.

Hauptsache lernen

Nach wenigen Wochen in Deutschland flatterte ein Schreiben ins Haus: Die Anmeldung für die Schule. Mein Vater murrte: »Wozu soll ein Mädchen in die Schule?«, begann er das alte Lied. »Was soll das für einen Nutzen haben?«

Er hatte Angst, wir würden dem Christentum verfallen und den jesidischen Glauben nicht mehr respektieren. Dass ein Mädchen moderne Bildung braucht, kümmerte ihn nicht. Doch wir Kinder waren polizeilich gemeldet und so *musste* er uns in die Schule schicken.

In unserer Siedlung lebten viele jesidische Kurden, deren Kinder in die Schulen gingen, die auch wir besuchen sollten. Mein Vater erkundigte sich bei ihnen, was wir brauchten und kaufte Schulranzen, Hefte, Bunt- und Bleistifte für uns.

Am ersten Tag brachte mich mein Vater zur Schule. Wir gingen zu Fuß. Ich freute mich, denn ich hoffte, bei den anderen Kindern Anerkennung zu finden. In der Türkei galten Kinder, die nicht zur Schule gingen, als zurückgeblieben. Obwohl ich meinen Papieren zufolge zwölf Jahre zählte, wurde ich in die dritte Klasse der Grundschule eingestuft. Ich sprach kein Wort Deutsch. Die ersten deutschen Wörter, die ich lernte, waren »gut« und »Guten Tag«.

Eine Lehrerin nahm mich bei der Hand und ging mit mir in die 3a. Die Frau war nett. Sie bemühte sich um mich und versuchte, mir mit großen Gesten zu erklären, worum es gerade ging. Vergeblich, so sehr ich mich anstrengte, ich konnte nicht begreifen, was sie von mir wollte. In der Klasse waren mehrere türkische Kinder. Doch ich konnte kaum Türkisch und daher konnten sie mir nicht helfen. Also gingen wir in die 3b und suchten nach einem Kind, das mich verstand – ohne Erfolg. In der 3c fand sich endlich ein kurdisches Mädchen, aus Batman. Doch sie sprach einen völlig anderen kurdischen Dialekt. Die Lehrerin setzte mich neben sie in die Bank. Der Unterricht begann. Ich fragte meine Nachbarin ununterbrochen und sie versuchte, was die Lehrerin sagte, für mich zu übersetzten. Ich verstand nichts.

Nach einer Woche ging ich nicht mehr zur Schule. Ich hätte einen Deutschkurs gebraucht – doch den gab es nicht. Nach zwei Wochen erhielten meine Eltern ein Schreiben: »Warum kommt Ihre Tochter nicht zur Schule?«

Mein Vater machte einen kurdischen Jungen ausfindig, der auch auf meine Schule ging und gut Deutsch sprach. Er begleitete mich und meinen Vater zu meiner Klassenlehrerin und sprach mit ihr.

Die Lehrerin hatte geahnt, dass ich nichts verstehen würde und schlug nun vor, dass ich mit der ersten Klasse beginnen sollte. Dort könnte ich von Anfang an das Alphabet, Lesen und Schreiben lernen. Zurück in die erste Klasse bedeutete jedoch zugleich, dass ich zwei Jahre länger die Schule besuchen musste. Mein Vater war dagegen. In der Türkei bestand schließlich nur bis zur fünften Klasse Schulpflicht.

Die Diskussion zwischen meinem Vater und der Lehrerin zog sich hin. Nach einigem Hin und Her sah mein Vater ein, dass ich mit der ersten Klasse beginnen musste, um den Anschluss zu finden. Am nächsten Tag wechselte ich in die erste Klasse. Nun konnte ich von Anfang an lernen. Das war natürlich bedeutend besser.

Meine Lieblingsfächer waren Mathematik und später

Deutsch. Gute Noten bekam ich zwar keine, aber Hauptsache, ich konnte lernen! Neugierig, wie ich war, ging ich gegen den Willen meines Vaters zum christlichen Religionsunterricht. Hier hörte ich zum ersten Mal die Geschichte von Maria und Jesus Christus. Zu Hause erzählte ich nichts davon. Obwohl mein Vater in der Türkei mit Christen befreundet war, hatte er große Angst davor, dass ich in Deutschland meinen Glauben verliere. Warum sollte ich nichts über das Christentum erfahren? Nur weil es nicht *mein* Glaube war? Ich dachte, mir könne das nicht schaden.

Engel Pfau

Meine Eltern beantragten kein Asyl. Sie waren mit uns Kindern als Gastarbeiter nach Deutschland gekommen. Vater hatte in Celle, wo er in der Keksfabrik arbeitete, eine Drei-Zimmer-Wohnung für uns gemietet.

Wir bekamen ständig Besuch. Kaum war einer gegangen, kamen zwei andere. Oft waren schon drei da und es kamen noch drei dazu. Die Gäste blieben über Nacht, manchmal wochen- oder gar monatelang.

Mein Vater war ein angesehener Mann. Es kamen Jesiden, die ohne Familie nach Deutschland gekommen waren und im Asylbewerberheim lebten. Es kamen Muslime aus der Türkei, wenn sie Deutschland besuchten. Es kamen türkische Christen, deren Familie mein Vater kennengelernt hatte, als er nach der Entführung meiner Mutter unter ihnen gelebt hatte. Es kamen junge Leute, etwa wenn der Junge das Mädchen entführt hatte, wie das bei meinen Eltern der Fall gewesen war. Sie blieben bei uns, bis der Konflikt mit der Familie beigelegt werden konnte. Nun, da wir in Deutschland lebten, tauchten auch die Verwandten meiner Eltern wieder auf, die sie einst verstoßen hatten. Als meine Eltern in Not gewesen waren, war keiner für sie da gewesen. Plötzlich war mein Vater wieder der Onkel und meine Mutter die Tante.

Selbst jesidische Würdenträger – Sheikhs, Pirs und Mirs – zählten zu unseren Besuchern. Die Geistlichen weisen die Murids (Laien, Angehörige der untersten jesidischen Kaste) an, wie sie sich verhalten sollen. Sie kommen, wenn jemand gestorben ist, wenn jemand heiratet, wenn es ein Problem gibt.

Waren Geistliche bei uns, hörte ich von der Küche aus fasziniert den Gesprächen der Männer im Wohnzimmer zu. Gebannt lauschte ich der Geschichte von Adam, Eva und Taus-î Melek.

Adam und Eva waren im Paradies. Gott sagte zu Taus-î Melek: »Wir müssen die aus dem Paradies werfen.«
Taus-î Melek antwortete Gott: »Ich werde das schon irgendwie schaffen.«
Er beauftragte die Schlange: »Du musst es zuerst bei Eva versuchen, Frauen sind leichter zu überreden.«
Die Schlange sagte zu Eva: »Warum isst du nicht von diesem Baum, die Äpfel sehen so schön aus.«
Sie versuchte es immer und immer wieder, bis Eva schwach wurde und von einem Apfel aß. Als Eva gesündigt hatte, versuchte sie nun ihrerseits, Adam zu verführen. Sie redete mit goldener Zunge so lange auf ihn ein, bis er die andere Hälfte des Apfels aß.
Nach drei Tagen bekamen die beiden heftige Bauchschmerzen. Sie wanden sich vor Schmerzen. In ihren Bäuchen brodelte es, doch sie hatten keine Löcher, aus denen der Kot hätte entweichen können. Wegen der Schmerzen nahm Adam seinen Zeigefinger und bohrte sich eine Öffnung in den Hintern. Eva tat es ihm gleich. Kaum waren die Löcher gebohrt, entleerten sich ihre Gedärme explosionsartig und der Kot lief auf die Erde.
Dort blieb er drei Tage liegen. Da kam Taus-î Melek und sagte zu ihnen: »Ihr habt gesündigt, ihr habt das Paradies beschmutzt.«
Sie versuchten, den Kot zu beseitigen. Als sie ihn aufhoben, entdeckten sie, dass darunter Salat gewachsen war.
Salat wächst in der schlimmsten Kloake. Salat verwandelt Dreck in Vitamine, man kann ihn waschen, so viel man will. Deshalb dürfen die Jesiden keinen Salat essen.

Die jesidische Religion entstand vermutlich vor den drei großen monotheistischen Weltreligionen. Dennoch enthält sie neben Elementen aus der Mithras-Religion, dem Zoroastrismus und dem altbabylonischen Planetenkult solche aus Christentum, Judentum und Islam. Das hängt wohl damit zusammen, dass sich die Jesiden als Minderheit jeweils ihrem Lebensumfeld anpassen mussten.

Die wichtigste Gestalt neben unserem Gott stellt Taus-î Melek dar, dem vom Schöpfer zusammen mit sechs weiteren Engeln Leben eingehaucht worden ist – sieben Engel, gleich den sieben Tagen, an denen Gott die Erde erschuf.

Weil er die Gestalt eines Pfaus trägt, wird Taus-î Melek auch »Engel Pfau« genannt. Bei Gott im Himmel heißt er Asasil. Es wird gesagt, er sei drei Mal auf der Erde gewesen: Erstmals tauchte er in der Zarathustrazeit als Zerdest auf. Der entsprechende Gott der Ägypter war die als Aton verehrte Sonnenscheibe. Eine zweite Inkarnation wird ihm unter dem Namen Jesid im sechsten christlichen Jahrhundert in Syrien, zwischen Damaskus und Libanon zugeschrieben. Das dritte Mal erschien er im 11./12. Jahrhundert in der Gestalt des Glaubensreformers Sheikh Adi bei Hakkari.

Die anderen Engel sind Asrael, Jibrael, Michael, Dürdail, Nurail, Schiffkail – alles Engel, die auch in anderen Religionen eine Rolle spielen. Asrael – auf Erden Nasradin genannt – ist der Todesengel, er holt die Seelen der Gestorbenen von der Erde ab und bringt sie in den Himmel. Dort wird über die Seelen Gericht gehalten und entschieden, ob sie ins Paradies Einzug halten können oder in die Hölle geworfen werden. Jibrael ist Gottes Bote, der den Menschen Güte und Bildung gibt. Er ist für das irdische Glück zuständig und sorgt dafür, dass die Familien zusammenhalten und sich die Völker nicht bekriegen. Michael kümmert sich um die Geschicke der Natur. Er ist für Erdbeben und Überflutungen verantwortlich und wird angerufen, um die Fruchtbarkeit der Erde zu erhalten. Dürdail beschützt die Tiere. Nurail lenkt die Gestirne: Sonne, Mond, Sterne. Schiffkail sorgt dafür, dass alle menschlichen Wesen Gott kennen.

Die Zahl sieben spielt auch in anderen Zusammenhängen eine wichtige Rolle. Sieben Tage nach der Geburt eines Kindes kann es sterben. Sieben Schichten liegen um die Erde: In jeder Ebene gibt es unzählige Sterne.

Mein Bruder Adil kann sich an die Geschichte erinnern, die unsere Mutter über den »Engel Pfau« erzählte:

Gott schuf die Engel aus Feuer. Von Taus-î Melek verlangte er, die Erde zu erschaffen. Als sie fast fertig war, forderte Gott: Erschaffe den Menschen! Taus-î Melek versuchte es, doch es wollte ihm nicht gelingen. Deshalb befahl Gott: Hol mir aus allen vier Ecken der Welt etwas Erde. Aus dieser Erde formte Gott den Menschen. Mit seinem Atem hauchte er dem ersten Menschen – der auch bei den Jesiden Adam heißt – Leben ein. Taus-î Melek schuf aus der linken Rippe Adams die Frau.

Gott gab sich damit nicht zufrieden. Er forderte von Taus-î Melek, den Menschen anzubeten. Der weigerte sich: »Ich bin von dir erschaffen worden, du hast den Menschen erschaffen – warum soll ich den Menschen anbeten?«

»Weil ich dich aus Feuer erschuf, den Menschen aber mit meinem Atem«, entgegnete Gott.

Taus-î Melek weigerte sich standhaft. Deshalb warf Gott ihn in die Hölle. Darüber weinte Taus-î Melek so sehr, dass seine Tränenflut das Höllenfeuer löschte. Gott verzieh ihm und nahm ihn wieder in den Himmel auf.

Die Menschen riefen ihn als Wächter der Welt und Mittler zwischen Himmel und Erde an. Die Jesiden setzen Taus-î Melek mit

Gott gleich. Das gegenwärtige Zeitalter wird als das des Taus-î Melek betrachtet. In anderen Zeitaltern, die jeweils siebentausend Jahre währen, sollen andere Engel herrschen. Weil die Muslime Taus-î Melek in der Hölle vermuten, bezeichnen sie die Jesiden fälschlich als »Teufelsanbeter«.

Im jesidischen Glauben gibt es zwar die Hölle – aber nicht das Böse oder die Gestalt des Teufels. Den Namen des Bösen sprechen wir nicht aus, weil allein durch diese Formulierung die göttliche Allmacht infrage gestellt würde. Deshalb gilt es als die größte Sünde, das Böse beim Namen zu nennen oder gar Taus-î Melek mit der Gestalt des Teufels zu identifizieren.

Auch im Alltag der Jesiden spielen die Engel eine wichtige Rolle. Meine Mutter sagte immer zu mir: »Ein Mensch hat zwei Engel auf den Schultern, einen guten und einen schlechten. Egal, wohin du gehst und was du tust: Der gute Engel sagt, was du Gutes tun sollst, und der schlechte versucht dich zu schlechten Taten zu verleiten. Dem schlechten sollst du Widerstand leisten. Dem guten folgst du intuitiv und freust dich, wenn du auf ihn gehört hast.«

Vor Sonnenaufgang sind die Engel vor jedem Haus. Sie lauschen, wie ich aufstehe. Beginne ich den Tag mit Streit und Ärger, sorgen die Engel dafür, dass der Stoff für Groll und Unbehagen an diesem Tag nicht ausgeht. Stehe ich jedoch mit Freude, Liebe und Zuneigung auf, dann geben sie mehr davon.

Ganz oder gar nicht

Man wird als Jeside geboren. Wer einem anderen Glauben angehört, kann nicht Mitglied unserer Gemeinschaft werden. Jesidisch ist man *ganz* oder g*ar nicht.* Die Jesiden wenden ihre Gesetze streng an. Man muss sich radikal dazu bekennen. Denkt man anders, kann man nicht als einer der ihren leben. Entweder man akzeptiert die Regeln und geht vollkommen im Glauben auf oder man wird geächtet und verstoßen.

Die Jesiden kennen fünf Gebote:
1. Du sollst zu Gott beten. Wir beten fünf Mal pro Tag: Morgens um vier bei Sonnenaufgang, um sechs Uhr nach dem Sonnenaufgang, mittags, wenn die Sonne im Zenit steht, bei Sonnenuntergang und vor dem Schlafengehen. Wir beten stehend, die Handflächen zur Sonne gewandt. Das bedeutet, ich trage das Buch Gottes – die Hände sind die aufgeschlagenen Seiten. *2. Du sollst einem Sheikh Folge leisten. 3. Du sollst einem Pir Folge leisten. 4. Du sollst dir einen Lehrer (Merebi) im Glauben wählen. 5. Du sollst eine Schwester beziehungsweise einen Bruder für das Jenseits (Biraye Akhrete) wählen.*

Die jesidische Religion kennt keine verbindliche Schrift wie die Bibel oder den Koran. Es ist nichts schriftlich überliefert. Bräuche und Rituale werden durch Geschichten mündlich weitergegeben. Das führt dazu, dass es sehr verschiedene Formen für religiöse Riten und Feiern gibt. Oft unterscheiden sich die Formen von Familie zu Familie. Doch selbst in den jesidischen

Familien weiß niemand so genau, warum bestimmte Feste gefeiert werden und welche Traditionen sich hinter ihnen vebergen.

Ein wichtiges Fest für alle Jesiden ist das Ida-Ezi-Fest. Das Ida-Ezi-Fest wird gefeiert, wenn die Sonne am tiefsten steht. Dem Fest geht ein mehrtägiges Fasten voraus. Mit dem Feiertag wurde ursprünglich das Ende der kurzen Tage gefeiert. Es geht auf Pir Ali zurück. Bei den Christen heißt er Nikolaus. Auch wir feiern das Fest im Dezember. Gefeiert wird die Ankunft von Pir Ali. Bestimmte Teile des Lamms werden für ihn gekocht, sie dürfen nicht gebraten werden. Das Fleisch steht an einem gesonderten Platz auf dem Tisch, als wenn er zu Gast wäre. Dieser Platz bleibt frei. Für jedes Mitglied der Tischgesellschaft – so auch für Pir Ali – wird eine Kerze angezündet. Auf dem Tisch liegen sieben Brote und sieben Stücke Fleisch. Auf dem Boden liegt eine Matratze für ihn bereit, die mit einem weißen Tuch bedeckt ist.

Nicht alle Jesiden führen dieses Fest auf Pir Ali zurück, nur diejenigen aus den Dörfern, durch die Pir Ali einst gezogen ist. Das sind Dörfer in der Gegend von Cirkani, der Grenzregion zu Syrien. Er vollbrachte bei seinen Besuchen in den Dörfern verschiedene Wunder, über die sich die ortsansässigen Jesiden Geschichten erzählen.

Pir Ali sagte den Leuten, es dürften keine Kinder kommen, wenn er ein Dorf besucht. Es sollten nur Erwachsene erscheinen, die verstünden, was er erzählt. In einem Dorf gab es ein sehr gläubiges Mädchen. Sie wollte unbedingt Pir Ali sehen und seine Worte hören. Damit sie zwischen den Erwachsenen nicht auffiel, nahm sie einen Stein und wickelte ihn in ein Tuch. Es sollte aussehen, als ob sie ein Kind tragen würde. Als sie vor Pir Ali trat, verwandelte er den Stein in ein richtiges Kind.

Noch eine Geschichte fällt mir ein: Eine arme Familie mit

sieben Kindern hatte eine Kuh. Die Kinder wurden von der Milch der Kuh genährt. Eines Tages wurde die Kuh krank und musste geschlachtet werden. Zufälligerweise kam an diesem Tag Pir Ali zu Besuch. Er bemerkte, dass die Familie trauert. »Was ist passiert?«, fragte er. Und sie erzählten ihm, dass sie die Kuh hatten schlachten müssen. Sie war bereits in sieben Teile zerlegt. »Wie soll ich bloß meine Kinder ernähren?«, weinte die Mutter.

Der Pir holte das Fell der Kuh und breitete es auf dem Boden aus. Die sieben Fleischteile legte er so zusammen, wie sie den Körper der Kuh gebildet hatten. Plötzlich stand die Kuh wieder auf. Gesund und munter.

Als Kinder erwarteten wir solche Feste wegen der schönen Speisen sehnsüchtig. Wir drängten unsere Mutter, uns zu verraten, was es zu essen geben würde. Lange vorher wurden die Zutaten besorgt. Das ist jetzt vorbei – in Deutschland gibt es zu jeder Zeit alles im Überfluss.

Die Jesiden hatten ursprünglich eine starke Bindung an die Gestirne. Sonne, Mond und Sterne wurden schon früh verehrt. Später kamen Erde, Wind, Wasser und Feuer dazu. Dafür waren bestimmte Engel zuständig. Die Wochennamen gehen auf diese Tradition zurück. Am Sonntag wurde zur Sonne gebetet, am Montag – dem Mond-Tag – zum Mond.

Mein Bruder Adil war als Kind in der Türkei oft mit jesidischen Geistlichen zusammen. Er fragte sie aus und versuchte, etwas über die Mysterien unserer Religion zu lernen. Sie waren allerdings nicht sehr mitteilsam. Das hatte wohl weniger damit zu tun, dass sie etwas geheim halten wollten, wie oft behauptet wurde. Sie wussten einfach nicht sehr viel.

In Deutschland fragte Adil einen Pir: »Dreht sich die Erde um die Sonne oder umgekehrt?«

»Was ist das für eine Frage? Weißt du denn nicht, dass sich die Sonne um die Erde dreht?«
»Wie bitte? Die Sonne dreht sich um die Erde?«
»Ja!«

Nachrichten aus der Heimat

Wenn ich von der Schule nach Hause kam, wurde ich gefragt, ob ich etwas essen wolle. Das war alles. Keiner fragte, ob ich Hausaufgaben zu erledigen hatte. Stattdessen musste ich einkaufen, putzen, auf meine kleinen Geschwister aufpassen. Wann immer es ging, flüchtete ich von zu Hause. Ich suchte Kontakt zu deutschen Kindern, ich wollte erfahren, wie ihre Familien lebten.

Unsere deutschen Nachbarn hatten eine Tochter, die in meine Klasse ging. Es schien mir, als würde sie von ihren Eltern mehr geliebt, als ich es von zu Hause kannte. Kam meine Mitschülerin von der Schule heim, fragte die Mutter: »Wie war es in der Schule? Wie ist es dir ergangen? Hast du dich mit jemanden gestritten?« Bei mir fragte niemand.

Die Nachbarin mochte mich, sie war wie eine Mutter. Ich ging so oft wie möglich zu ihr hinüber. Sie übte mit mir das Einmaleins, Lesen und Schreiben. Meinen Eltern sagte ich: »Ich gehe raus, spielen.« Stattdessen schlich ich heimlich zu den Nachbarn.

Hätte mein Vater von meinen Besuchen bei der Nachbarin gewusst, er hätte mich grün und blau geschlagen! Nichts fürchtete er mehr, als dass ich nicht mehr auf ihn höre, sondern mir Deutsche zum Vorbild nehme – dass ich mich gegen die Familie und die althergebrachte Kultur auflehne.

Insgeheim machte ich meinen Eltern Vorwürfe, dass sie uns

streng nach den jesidischen Regeln erzogen. Ich dachte, wir könnten ein besseres Leben führen, könnten höhere Schulen besuchen, mit dem Heiraten warten. Heute, da ich selbst Kinder habe, weiß ich, dass es nicht so leicht ist auszubrechen. Die familiären Bindungen sind sehr eng und die Traditionen sehr stark – man kann sich nicht ohne Weiteres daraus lösen.

Was sollte mir meine Mutter anderes mitgeben, als ihre Erfahrungen und ihren Glauben? Mein Großvater war mit zwei Frauen verheiratet gewesen. Er hatte beide Frauen und deren Kinder ernähren müssen. Meine Mutter war die Älteste, ihr Vater hatte keine Söhne. So musste meine Mutter schon als Kind ihrem Vater helfen, die Familie über die Runden zu bringen. Sie lebten ausschließlich von dem, was sie selbst auf dem Feld ernteten. Auf dem Feld arbeitete meine Mutter so hart wie ein Mann. Eine Schule hat sie nie besucht.

Immer hatte meine Mutter für ihre Familie geschuftet – sie war so aufgewachsen. Sie war nicht in der Lage, eine andere Zukunft für ihre Kinder zu sehen. So blieb uns nichts anderes übrig, als in dem begrenzten Kosmos der jesidischen Tradition aufzuwachsen.

Als ich in die zweite Klasse ging, erhielten wir mit der Post ein Tonband von unseren Verwandten in Kulika. Sie konnten nicht schreiben. Und eine Telefonverbindung bestand auch nicht.

Wir hatten in Kulika zweihundert Ziegen und Schafe zurückgelassen, auch eine Kuh und sogar einen Hirten. Meine Mutter hatte die Tiere nicht verkauft, weil sie – im Falle, sie käme in Deutschland nicht zurecht und wolle in die Heimat zurückkehren – nicht ohne jegliche Lebensgrundlage dastehen wollte. Sie hatte schwer dafür gearbeitet. Unser Cousin und seine Frau hatten sich bereit erklärt, die Tiere zu versorgen.

Auf dem Tonband berichteten nun die Verwandten, dass der

Cousin die Tiere sämtlich geschlachtet oder verkauft hätte. Auch die Matratzen, die meine Mutter von Hand aus Schafwolle gefertigt hatte, wären vom Neffen verkauft worden. Als meine Mutter dies hörte, brach sie zusammen. Sie war zu schwach, um sich auf den Beinen zu halten, hatte starke Schmerzen und erbrach sich. Monatelang. Sie musste ins Krankenhaus.

Mein Vater arbeitete mittlerweile in einer Baumschule in Bergen, im Kreis Celle. Nur am Wochenende kam er nach Hause. So waren wir fünf Kinder – inzwischen war auch meine Schwester Bilnaz geboren – auf uns allein gestellt.

Ilza, die zwei Jahre älter war als ich und damit die älteste von uns Kindern (Gülistan war ja schon verheiratet), ging oft nicht zur Schule, um die Kleinen zu versorgen. Sie putzte, kaufte ein und kochte. Manchmal übernahm ich diese Aufgaben. Doch dann sagte Ilza: »Geh du in die Schule, ich bleibe zu Hause.«

So konnte es nicht weitergehen. Mein Vater suchte eine Wohnung in Bergen. Er fand eine Baracke – als Wohnung konnte man diese Bleibe nicht bezeichnen. Wir zogen um. Wieder wechselte ich die Schule. Heute frage ich mich, wie ich es fertiggebracht habe, nie sitzen zu bleiben, ohne jede Unterstützung ...

Die Schule fällt ins Wasser

Mein neuer Schulweg führte an einem Edeka-Laden vorbei. Die Verkäuferinnen waren nett zu mir. So kam ich auf die Idee, die Chefin zu fragen, ob ich im Geschäft helfen könnte. »Klar«, sagte sie und zeigte mir, was zu tun war.

Nach der Schule erledigte ich meine Hausaufgaben, anschließend ging ich in den Laden. Ich stapelte Waren ins Regal, klebte Preisschildchen auf, putzte Staub. Manchmal nahm mich die Chefin mit zu sich nach Hause, um Waren abzuholen. Gemeinsam brachten wir die Sachen in den Laden.

Eines Tages fragte sie mich: »Hast du Lust mit mir einzukaufen?«

»Ja«, erwiderte ich verblüfft.

Wir gingen in verschiedene Geschäfte. Sie zeigte mir Kleider: »Hier, schau mal, das würde dir stehen, probier's doch mal an.« Passten die Dinge, kaufte sie sie. Ein Kleid, eine Hose, eine Latzhose, eine Jacke, Unterwäsche – alles Sachen, die sich ein armes Ausländer-Kind nie hätte leisten können. Sie schenkte mir ein Puppenhaus, Barbies und Kleidchen für die Puppen.

In der vierten Klasse begann in der Schule der Schwimmunterricht. Zu Hause erzählte ich nichts davon. Ich wusste, dass sich ein jesidisches Mädchen nicht im Bikini oder Badeanzug zeigen darf. Schon ein kleines Stückchen unbedeckter Haut öffentlich zu zeigen, gilt als Sünde. Ein jesidisches Mädchen im Badeanzug – das war unvorstellbar.

Doch ich wollte nichts lieber als das: Schwimmen lernen. Ich überlegte, wie ich mir Schwimmzeug besorgen konnte und schilderte der Edeka-Chefin mein Problem. Sie kaufte mir Badeanzug und Badekappe.

Der Schwimmunterricht bereitete mir großen Spaß. Im Sommer waren die anderen Kinder am Nachmittag immer baden gegangen, da durfte ich nicht mitgehen. Jetzt genoss ich es, ohne die Last dicker Gewänder im Wasser zu treiben.

Beim dritten Mal entdeckte mich ein Bekannter meines Vaters in der Schwimmhalle. Er konnte seinen Mund nicht halten und erzählte unter den Jesiden: »Die Tochter von Melek war heute nackt in der Schwimmhalle!«

Es dauerte nicht lange, bis mein Vater davon erfuhr. »Jetzt ist Schluss mit der Schule!«, tobte er und entschied: »Du bist jetzt ein reifes Mädchen, du bist erwachsen, da brauchst du deine Zeit nicht mehr in der Schule zu verschwenden. Ab sofort bleibst du zu Hause, lernst Kochen und Saubermachen.«

Vater ging zur Schule und meldete mich beim Direktor persönlich ab. Wäre ich ein folgsamer Typ gewesen, hätte mir mein Vater damit das Grab geschaufelt. Doch ich wollte mich nicht damit abfinden, das Aschenputtel zu spielen. Heimlich schlich ich weiter in die Schule. Doch die deutschen Lehrer ließen mich schließlich nicht mehr in den Unterricht, weil sie von dem Verbot meines Vaters wussten.

Was konnte ich tun? Mir fiel ein, dass es einen türkischen Lehrer gab, der fakultativen Unterricht auf Türkisch erteilte. Ich wollte ihn überreden, mich bei ihm lernen zu lassen. Ich hoffte, er würde mich verstehen. Doch auch dieser Lehrer wollte sich dem Verbot meines Vaters nicht widersetzen.

Da ging ich auf den Schulhof, setzte mich auf eine Bank, die genau unter dem Fenster des Raumes stand, in dem der Türkischunterricht stattfand, und weinte bitterlich. Ich weinte lange und laut.

Nach einer Weile kam der Lehrer heraus, nahm mich tröstend in den Arm und sagte: »Kind, ich darf dich nicht mit hineinnehmen, deine Eltern haben es verboten.« Dabei kamen ihm selber die Tränen. Ich heulte, er heulte. Schließlich nahm er mich bei der Hand, brachte mich in die Klasse und setzte mich an einen Tisch in seiner Nähe. Die anderen Schüler kannten mich. Es waren nur zehn oder zwölf Kinder. Es dauerte nicht lange, bis die anderen Lehrer bemerkten, dass ich gegen den Willen meines Vaters am Türkischunterricht teilnahm. Ich wurde endgültig der Schule verwiesen.

Zu Hause machte ich meiner schlechten Stimmung Luft. Ich nörgelte herum, wo immer es ging. Ich verweigerte die Anordnungen meines Vaters. Er musste dreimal sagen: »Bring mir ein Glas Wasser!«, bevor ich mich in Bewegung setzte, um ihm den Wunsch zu erfüllen. Als er mir verbot, mit den Jungen aus der Nachbarschaft zu spielen, spielte ich erst recht mit ihnen.

Ging er mit Mutter einkaufen, befahl er: »Du bleibst zu Hause und passt auf deine Geschwister auf.« Ich verfolgte meine Eltern. Er drohte mir Schläge an. Einmal sagte er: »Ich schwöre dir, wenn du nicht nach Hause gehst, schlage ich dir die Zähne raus.«

Ich schimpfte zurück: »Du hast mein Leben kaputt gemacht! Warum darf ich nicht zur Schule gehen? Nur, weil ich einmal schwimmen war?!«

Mein Vater fürchtete, ich könnte ihm größeren Ärger bescheren. Verzweifelt suchte er nach einem Ausweg. Immer wieder fing er an: »Du bist ein reifes Mädchen und kannst heiraten. Wir fahren in die Türkei. Ich will, dass du meinen Neffen heiratest, so wie es seit deiner Geburt bestimmt ist.«

Bei den Jesiden gelten strenge Heiratsregeln. Nur Verwandte sollen einander heiraten. Das sei eine Garantie für das Wohlergehen der Töchter. Es wird behauptet, nur so sei sichergestellt, dass die Eheleute Hilfe bekommen, wenn sie in Schwierigkeiten geraten. Diese Heiratsregeln sind von der jesidischen Religion nicht zwingend vorgeschrieben. Vermutlich haben sie sich deshalb durchgesetzt, weil wir Jesiden uns seit Jahrhunderten als Minderheit behaupten müssen. Die Verwandtschaft der Eheleute führt dazu, dass in vielen Familien Kinder mit Behinderungen zur Welt kommen. Als Kind wusste ich natürlich nichts von diesem Zusammenhang.

Meine drei Cousins waren wie Brüder mit uns aufgewachsen. Niemals war es mir in den Sinn gekommen, einen von ihnen zu heiraten, obwohl mein Vater das längst entschieden hatte. Ich konnte mir das nicht vorstellen!

Als mein Bruder Adil geboren wurde, sagte der Älteste zu meinem Vater: »Onkel, du hast jetzt einen Sohn als Stammhalter, da brauchst du uns nicht mehr.« Da ließen meine beiden älteren Cousins unsere Schafe und Ziegen, die sie bisher gehütet hatten, allein und gingen zu meinem Onkel. Der Jüngste aber blieb bei uns.

Kurz bevor wir nach Deutschland zogen, verabschiedete auch er sich von uns. Als die beiden Älteren vernahmen, dass wir nach Deutschland gehen würden, kamen sie, um sich mit meinem Vater zu versöhnen. Sie erboten sich, Haus und Vieh in Kulika bis zu unserer eventuellen Rückkehr zu hüten. Auch andere weitläufige Verwandte boten ihre Hilfe an. Leider entschieden sich meine Eltern für die Cousins, die unseren gesamten Besitz schamlos verschacherten.

In diese treulosen Hände gedachte mein Vater mich zu geben. Eines Tages kam er mit zwei Flugtickets nach Hause. »Es ist so weit«, verkündete er, »wir fliegen zu deiner Hochzeit.«

Rückkehr nach Nusaybin

Mein Cousin saß im Knast. Niemand wusste, wann er herauskommen würde. Mein Vater setzte darauf, dass wir ihn besuchen und die amtliche Hochzeit im Gefängnis vollziehen könnten. Die Gesetzeslage sah vor, dass der Ehepartner eines in Deutschland ansässigen Türken nach einem Jahr automatisch die Zuzugsgenehmigung für Deutschland erhielt – als Familienzusammenführung.

So flogen wir in die Türkei und reisten weiter nach Nusaybin. In der Stadt angekommen, brachte mein Vater in Erfahrung, in welchem Knast sein Neffe einsaß. Es war ein Gefängnis für politische Häftlinge. Wer da drin saß, kam entweder nie wieder oder todkrank raus. Mein Vater ließ sich dadurch nicht von seinen Heiratsplänen abbringen. Doch seinen Bemühungen, mich unter die Haube zu bringen, war vorläufig kein Erfolg beschieden. Das war mein Glück!

Zurück nach Deutschland wollte ich aber auch nicht. Ich beschloss, in der Türkei zu bleiben, um wieder die Schule besuchen zu können. »Ich bleibe beim Onkel!«

Meinem Vater war das einerseits recht, denn er sah mich hier von all den schädlichen Einflüssen fern, die mich seiner Meinung nach in Deutschland von meinem jesidischen Glauben zu entfremden drohten. Andererseits wollte er die Aufsicht über seine störrische Tochter nicht einem anderen überlassen.

Wortreich besänftigte der Onkel meinen Vater: »Der Junge könnte jederzeit rauskommen; dann wird sie ihn heiraten.«

Unwillig ließ sich Vater darauf ein. Ich durfte bleiben. Das Leben in der Familie meines Onkels gefiel mir gut. Ich wurde ausgesprochen warmherzig aufgenommen. Sie waren keine Jesiden mehr. Der Großvater war Jeside gewesen, doch hatte er eine Muslima geheiratet. Daraufhin war er aus der jesidischen Gemeinschaft ausgeschlossen und geächtet worden. Ein Jeside darf keine Angehörigen einer anderen Religion heiraten, nicht einmal Mitglieder einer anderen jesidischen Kaste. Nach vielen, vielen Jahren hatten sich die Spannungen gelöst und die Jesiden gaben sich wieder mit der Familie ab.

Mein Onkel und seine Frau hatten drei Söhne und ein kleines Mädchen. Die Jungen gingen in die Schule. Und ich durfte sie begleiten: Endlich konnte ich wieder lernen! Mein Onkel war wohlhabend und mein Vater hatte Geld für mich hinterlassen. So konnte mein Onkel die Lehrer für mich bezahlen. Obwohl fast alle Schüler Kurden waren, wurde in der Schule nur türkisch gesprochen.

Niemand in Nusaybin wusste, dass ich Meleks Tochter und Jesidin war. So kam ich nicht nur mit der Familie, sondern auch in der Schule und in der Stadt sehr gut zurecht. Keiner konnte sagen: »Du bist Jesidin, wir wollen nichts mit dir zu tun haben.« Und niemand konnte mich bei meinen Eltern anschwärzen. Ich fühlte mich frei wie nie zuvor.

Inzwischen konnte ich gut türkisch sprechen und hatte keine Probleme mehr mit der Verständigung. Gab es doch einmal Schwierigkeiten, standen mir mein Onkel und die Jungen bei. Der Onkel pflegte sie zu ermahnen: »Wenn Gülnaz etwas zustößt, dann bringe ich euch um.«

Kam in der Schulpause jemand zu mir, um mich zu beschimpfen, sagte ich: »Ich sag sofort meinen Brüdern Bescheid.« Da bekamen sie Angst. Einmal wurden mir in der Pause mein Bleistift und der Radiergummi weggenommen. Ich war wütend und drohte: »Wenn ihr nicht gleich meinen Bleistift und meinen Radiergummi rausrückt, werde ich es meinen Brüdern sagen.« Schon in der nächsten Stunde lagen die Sachen auf meinem Tisch. Ein Junge hatte sie gestohlen, der aus einer sehr armen Familie stammte. Er tat mir leid.

So wohl fühlte ich mich in Nusaybin, dass ich wünschte, für immer dort bleiben zu können. Doch es sollte anders kommen...

Drei Jahre hatte ich bei den Verwandten in Nusaybin gelebt, da brachen 1980 die politischen Konflikte zwischen Kurden und Türken offen aus. Das türkische Militär, das nach einem Putsch die Regierung übernommen hatte, betrieb gezielt die Türkisierung der Kurden und versuchte deren Kultur und Identität noch mehr einzuschränken, als dies ohnehin schon der Fall war. Die Kurden forderten indes mehr Selbstbestimmungsrechte, sie wollten ihre Sprache sprechen, ihre Musik spielen, ihre Kultur pflegen. Die Regierung ließ diese Selbstständigkeitsbestrebungen nicht zu: »Nein, hier gibt es nur eine Sprache – die türkische!« Jeder, der etwas anderes wollte, ja etwas anderes dachte, wurde als Terrorist abgestempelt. Die türkische Regierung führte Massenverhaftungen unter den Kurden durch. Als Grund für die Inhaftierung genügte es, dass man Kurde war. Der kurdische Teil der Türkei wurde von Soldaten besetzt. Nusaybin verwandelte sich in ein Schlachtfeld. Es herrschte Bürgerkrieg.

Bisher hatte es nur vereinzelte Guerillakämpfe gegeben. Nun gab es stundenlange Schießereien. Handgranaten flogen. Häuser brannten ab. Die Angst saß den Menschen im Nacken.

Wir trauten uns nicht mehr, draußen zu schlafen, was wir im Sommer gewöhnlich taten, wenn es drinnen zu warm war. Viele Kurden versuchten ihr Hab und Gut zu veräußern und flohen in die großen Städte. Dort konnten sie untertauchen. Oder sie flohen gleich nach Deutschland. Eine Massenflucht setzte ein, die bis Anfang der neunziger Jahre anhielt. Ganze Dörfer entvölkerten sich. Die Schulen schlossen, es gab keine Lehrer mehr. Viele Kurden wurden exekutiert. Es gab regelrechte Massaker. Die türkische Regierung behauptete, diese Menschen seien von der PKK umgebracht worden. Mein Vater war oft in der Türkei. Er besaß nach wie vor Land, auf dem Baumwolle angebaut wurde. Hin und wieder kam er nach Nusaybin, um sich um die Felder zu kümmern und die Ernte zu verkaufen. Als mein Vater von den Unruhen hörte, holte er mich ab und brachte mich zurück nach Deutschland. Ich war sofort einverstanden. Lieber wollte ich nach seinem Willen jeden x-beliebigen Jesiden heiraten, als im Krieg zu sterben.

Herr der Sünden

Nun hatte mich meine Familie in Deutschland wieder. Mein Vater ging ab und zu mit mir Bratwurst mit Pommes essen – heimlich. Es schmeckte mir. Meine Mutter durfte das nicht erfahren, weil es Jesiden verboten ist, Schweinefleisch zu essen. Heute esse ich alles, auch Schweinefleisch, weil ich der Meinung bin, dass dieses Verbot nicht aus der jesidischen Religion stammt, sondern eine Anpassung an den Islam war.

Eines Morgens – wir wollten gerade frühstücken – kam überraschend Besuch. Es war ein Mir. Er setzte sich zu uns an den Tisch. Nach einer Weile forderte er mich auf: »Hole mir etwas Aufschnitt vom Schwein.«

Ich dachte, ich hätte falsch verstanden. »Was hast du gesagt?« fragte ich ungläubig. »Ich soll dir Aufschnitt vom Schwein holen?«

Ich lief zu meiner Mutter in die Küche und berichtete ihr von dem ungewöhnlichen Wunsch des Mirs.

»Was erzählst du da?«, schimpfte sie, weil sie dachte, ich hätte mir wieder einmal eine Dummheit ausgedacht. Ich zog sie ins Wohnzimmer.

Der Mir wiederholte seinen Wunsch.

»Vater, das ist doch Sünde!«, sagte Mutter ungläubig.

»Nein, nein. Holt mal den Aufschnitt! Wenn *ich* das sage, ist es keine Sünde.«

Als der Mir den Aufschnitt aß, den ich für ihn besorgt hatte, brach für mich eine Welt zusammen. Wem sollte man vertrauen, wenn nicht einmal auf die geistlichen Oberhäupter der Jesiden Verlass war...

II
Die Liebe kommt von selbst

Hinterm Lenkrad

Gemeinsam mit meinen Eltern, drei Schwestern und vier Brüdern zog ich wieder nach Celle, in ein neu gebautes Einfamilienhaus mit Garten, das wir mieteten. Inzwischen war nach meinen Brüdern Zalim und Hakim mein jüngster Bruder Kemran zur Welt gekommen.

Ich verbrachte den lieben langen Tag zu Hause, kümmerte mich um den Haushalt und schlug die Langeweile tot. Mir fehlte die Familie meines Onkels. Ich wollte zur Schule gehen. Doch das erlaubte mein Vater nicht. Musst du dir eben selbst etwas beibringen, dachte ich. Ich kaufte jeden Tag die Zeitung. Allmählich konnte ich so gut lesen und schreiben, dass ich Asylanten aus der Türkei, die zu meinen Eltern kamen und um Rat baten, helfen konnte. Ich begleitete sie als Dolmetscherin zur Polizei, zu Ämtern oder Rechtsanwälten und trug dort ihre Anliegen vor. Es kamen sehr viele Asylbewerber in diesen Jahren – so hatte ich genug zu tun. Die Arbeit gab mir Kraft, ich brauchte nicht zu Hause herumzusitzen.

Ständig war ich mit Bus und Bahn unterwegs. Das war ebenso umständlich wie zeitaufwändig. Irgendwann verfiel ich auf die Idee: Du müsstest Autofahren lernen ...

Was für ein exotischer Wunsch für ein jesidisches Mädchen! Alle sagten: »Frauen gehören nicht hinters Steuer.« Oder: »Wie kann ein jesidisches Mädchen neben einem fremden Mann sitzen?« Die jesidische Religion enthält keine Vorschriften, die Frauen benachteiligen. Theologisch gesehen ist die Frau dem

Manne gleich gestellt. Kulturell herrscht jedoch das Gebot, die Frau habe den Mann zu »ehren«. Das bedeutet: Sie muss sich unterordnen.

Doch mein Entschluss stand fest: Ich wollte die Fahrschule besuchen! Meine Schwester Ilza war sogleich Feuer und Flamme für diese Idee. Sie hatte sich bereits gegen den Willen meines Vaters durchgesetzt, als der uns in der Türkei den Schulbesuch verbieten wollte. Vater blieb nichts anderes übrig, als unseren Entschluss schweigend hinzunehmen. Er ahnte wohl, dass wir unseren Kopf durchsetzen würden, wie man im Deutschen sagt. Vermutlich veranlasste ihn noch eine andere Überlegung, unseren Tatendrang nicht zu bremsen. Eine Tochter, die einen Führerschein hatte, konnte ihn herumchauffieren. Er selbst besaß keinen Führerschein.

Meine Mutter schien gar nicht zu begreifen, was wir vorhatten. Daher hatte sie keine Einwände. Kurz darauf sah sie mich während einer Fahrstunde in der Stadt hinter dem Steuer eines Fahrschulautos sitzen. »War das *unsere* Gülnaz?«, fragte sie kopfschüttelnd meine Geschwister.

Zuerst machte Ilza den Führerschein. Als sie die Fahrprüfung absolviert hatte, begann ich mit der Ausbildung. Richtig verstehen konnte ich den Stoff im Unterricht nicht, aber ich ließ nicht locker. Ich wollte es unbedingt schaffen! Wie besessen las ich alle Bücher über das Fahren, derer ich habhaft werden konnte. Es bereitete mir sehr viel Spaß, mir die Regeln und die technischen Grundlagen einzuprägen.

Der Fahrlehrer nannte mich liebevoll »Ratte«. Immer wieder wunderte er sich darüber, wie klein ich war. Ich musste mir fünf Kissen unterlegen, um an der Tafel etwas erkennen zu können. Die Kissen brachte ich täglich von zu Hause zur Fahrschule nach Bergen mit.

Nach bestandener Fahrprüfung nahm mich mein Lehrer mit

zu sich nach Hause. Begeistert erzählte er Frau und Kindern: »Wisst ihr was? Unsere ›Ratte‹ hat den Führerschein im ersten Anlauf bestanden!«

An mich gewandt fuhr er fort: »Hör mal, warum machst du nicht alle Führerscheine? Ich weiß, du schaffst das! Du machst deine Führerscheine und gehst zu einer Fahrlehrer-Akademie. Dann kannst du sofort als Fahrlehrerin bei mir anfangen.«

Ich war erstaunt, wie er auf eine solche Idee verfallen konnte. Insgeheim dachte ich aber: Warum eigentlich nicht? Nur: Was würden meine Eltern wohl dazu sagen?

Das schaffst du auch!

Ich träumte davon, selbst Unterricht zu geben ... etwas zu leisten, was andere nicht können – schon gar nicht kurdische Frauen. Ich hatte meinen Fahrlehrer vor Augen, der erfolgreich mehrere Fahrschulen betrieb. »Das schaffst du auch!«, sagte ich mir.

In Gedanken wälzte ich Pläne, wie ich es anstellen sollte, dass meine Eltern mir nicht den Wind aus den Segeln nahmen. Schließlich meldete ich mich heimlich für die nächsten Kurse an, ohne meine Eltern zu informieren. Ich hoffte, es würde ihnen zu peinlich sein, die Anmeldung wieder rückgängig zu machen. Ich stellte sie vor vollendete Tatsachen. Mein Plan ging auf. Vater war sogar bereit, mich bei der Ausbildung für die anderen Führerscheinklassen finanziell zu unterstützen.

Fortan ging ich zweimal pro Woche abends zur Fahrschule. Ich strengte mich an wie verrückt! Ich kaufte Fachliteratur über die Technik von Lkw, über Anhänger und Schläuche, über Busse – alles auf Deutsch. Nachts verschlang ich ein Buch nach dem anderen.

Die Lehrgänge für Bus und Lkw besuchten nur Männer. Die meisten von ihnen waren Deutsche, nur ein Kurde war unter ihnen. Aus Angst, meine Pläne könnten sich in der jesidischen Gemeinschaft herumsprechen, mied ich den Kontakt zu ihm. Niemand sollte erfahren, was ich vorhatte. Im Zweifelsfall hätte mir mein Vater die Fahrschule sofort verboten. Schließlich stand die Ehre unserer Familie auf dem Spiel.

Als wir im Theorieunterricht Fragebögen ausfüllten, hatte ich die wenigsten Fehler von allen. Der Fahrlehrer lobte mich vor den Männern: »Nehmt euch ein Beispiel an Gülnaz!«

Der Fahrlehrer und seine Frau, die als Sekretärin in der Fahrschule in Bergen arbeitete, unterstützten mich so gut es ging. Wenn ich Fragen hatte oder Hilfe brauchte, konnte ich sogar zu ihnen nach Hause gehen. Innerhalb weniger Monate legte ich alle Fahrprüfungen ab – für Motorrad, Bus und Lkw. Doch damit wollte ich mich nicht zufriedengeben. Ich wollte weiter: zur Fahrlehrer-Akademie.

Die nächstgelegene Akademie befand sich in Braunschweig. Heimlich – denn als Kurdin durfte ich nicht allein reisen – machte ich mich auf den Weg dorthin. Die Sekretärin der Akademie erklärte mir die Formalien und Voraussetzungen. Das A und O war, dass ich während der Ausbildung in Braunschweig wohnte, um regelmäßig den Unterricht besuchen zu können, denn es handelte sich um eine Vollzeit-Ausbildung.

Alles war gut – nur der Weg zu weit. Die achtzig Kilometer von Celle nach Braunschweig und zurück konnte ich an einem Tag mit Bus und Bahn nicht schaffen. Und allein in Braunschweig zu übernachten kam nicht infrage. Ein kurdisches Mädchen darf nicht allein aus dem Haus, es muss immer jemand bei ihr sein. Entweder die Geschwister, Eltern oder Verwandte. Wenn es irgendwo allein gesehen wird, wird bei den Kurden sofort geklatscht: »Ich hab die Tochter von ... gesehen. Was wollte sie da, was machte sie da?« Sie darf von keinem männlichen Wesen angesprochen werden. Passiert es doch einmal, heißt es gleich: Das ist ihr Geliebter – ein schwerer Frevel!

Ich versuchte es dennoch. Die Antwort meines Vaters lautete wie erwartet: »Das gehört sich nicht für ein jesidisches Mädchen!«

»Versteh' doch bitte, dass diese Ausbildung für mich wichtig ist!«, erwiderte ich händeringend.

Er blieb unerbittlich: »Willst du Schande über mich bringen? Willst du, dass die Leute zu mir sagen: ›Deine Tochter wohnt allein unter Fremden?‹ Heirate deinen Cousin! Dann brauchst du keine Fahrlehrer-Akademie!«

Mir kamen die Tränen. Ich konnte nichts tun. »Warum habe ich nicht das Glück, als Junge zur Welt gekommen zu sein?«

Raus!

Mein Traum von der Fahrlehrer-Akademie war geplatzt. Nun war ich wieder den ganzen Tag zu Hause eingesperrt und musste mir die Vorschriften meines Vaters und seiner Verwandten anhören. Ich wollte raus, ich brauchte einen Job!

Ich lief zu Bauern und Geschäften und erkundigte mich nach Arbeitsmöglichkeiten. Dem Begegnungszentrum für Ausländer und Rechtsanwälten, die türkische Mandanten vertraten, bot ich meine Dienste als Dolmetscherin an. In Zeitungen hielt ich nach Putzstellen Ausschau.

Meine große Schwester arbeitete bei Telefunken. Durch sie kannte ich andere jesidische Frauen, die dort angestellt waren. Auf der Straße und beim Einkauf sprach ich sie an: »Sagt mir bitte, wenn ihr hört, dass eine Stelle frei wird.«

»Frag doch selbst nach. Die werden dich bestimmt nehmen!«, sagte eine. Ich ging sofort zu Telefunken. Eine Frau sagte, ich solle in ein paar Tagen wiederkommen.

In der Woche darauf stand ich am Fließband. Da ich schnell war, fragte mich die Vorarbeiterin: »Willst du nicht Springerin werden?« Na klar wollte ich das. Es dauerte nur ein paar Wochen, da sprach sie mich wieder an: »Hör mal, du bist so schnell, arbeite doch Akkord als Montiererin.« Dankend nahm ich das Angebot an. So bekam ich meinen eigenen Arbeitsplatz und war nicht mehr abhängig von den anderen. Meine Akkordzahl konnte ich selbst bestimmen. Wenn ich schnell war, arbeitete ich für den nächsten Tag vor. Die Arbeit machte mir großen Spaß, ich verrichtete sie mit Liebe. Und ich hatte nette Kollegen.

Unter den Kontrolleuren für die Fernsehplatten gab es eine Türkin. Sie hatte ihren eigenen Arbeitsplatz, keiner konnte ihr etwas vorschreiben, es war eine sehr schöne Position. Eine türkische Frau in einer solchen Position – das imponierte mir und motivierte mich. Ich fragte sie: »Wie hast du es fertiggebracht, Technikerin zu werden?«

»Das kannst du auch!«

»Zeigst du's mir?«

»Klar, warum nicht!«

Sie führte mir vor, wie sie die Leiterplatten bestückte, lötete und kontrollierte. In der Personalabteilung trug ich meinen Wunsch vor: »Ich möchte Technikerin werden.« Nachdem ich einen schriftlichen Antrag gestellt hatte, verließ ich guter Dinge das Büro.

Ich hatte eine neue Hoffnung. Und ich verdiente gutes Geld. Das Geld gab ich meiner Mutter, bekam jedoch von ihr immer so viel, wie ich für mich selbst brauchte.

Ilza und ich beschlossen, uns ein Auto anzuschaffen. Wir legten unsere Ersparnisse zusammen und kauften einen Opel Ascona. Nun hatten wir ein Familienauto. Wir fuhren meine Mutter zum Einkaufen und meinen Vater zu Verwandten. Gegenseitig brachten wir uns zur Arbeit.

Ilzas Brautfahrt

Wieder einmal hatte sich mein Vater in den Kopf gesetzt, die Heiratspläne, die er für uns Töchter hegte, in die Tat umzusetzen. Diesmal war meine Schwester die Leidtragende. Gemeinsam mit meinen Eltern und meinem Bruder Adil fuhren Ilza und ich in die Türkei.

Als Reisegefährt diente unser Ascona. Von Celle nach Nusaybin waren wir drei Wochen unterwegs. Bis zur türkischen Grenze fuhren meine Schwester und ich durch – wir brauchten zwei Tage und zwei Nächte. Zum Schlafen streckte ich mich über die Beine meiner Eltern hin. Es war schön, einander so nah zu sein.

Doch der Frieden war trügerisch. Es gab heftige Auseinandersetzungen zwischen meinem Vater und meiner Schwester, die einen Cousin heiraten sollte, der wegen irgendwelcher krimineller Machenschaften im Knast saß – ebenso wie der andere Cousin, der eigentlich für mich bestimmt war. »Ich werde dem was erzählen«, schimpfte Ilza. »Der soll sich keine Hoffnung machen, dass ich ihn heirate!«

Mein Vater wies sie zurecht: »Das gehört sich nicht für ein jesidisches Mädchen! Das ist dein Cousin, der im Knast sitzt. Wenn du ihm sagst, dass du ihn nicht heiratest, wird er zusammenbrechen.«

»Glaube ja nicht, dass ich darauf Rücksicht nehmen werde.«
»Doch, das wirst du!«
»Nein!«

So ging es hin und her. Es war die Hölle. Mehrmals wurde meine Schwester so wütend, dass sie den Wagen rechts ranfuhr, ausstieg und schrie: »Was ist das für ein Leben?«

Meine Mutter versuchte zu vermitteln: »Warum machst du das? Beruhige dich doch. Es sind die Neffen deines Vaters. Er möchte, dass ihr glücklich seid. Es ist das Beste für euch, wenn ihr keine Fremden heiratet. Er möchte euch nicht verlieren.«

»Du wirst ihn heiraten und gut!«, beharrte mein Vater.

Mutter war diplomatischer: »Auch wenn du ihn nicht heiraten willst, darfst du ihm das im Gefängnis nicht erzählen.«

Schließlich kamen wir in der zentralanatolischen Stadt Sivas an, in der mein Cousin im Gefängnis saß. Als wir vor dem Knast standen, sagte Ilza: »Entweder ich sage ihm meine Meinung oder ihr geht ohne mich hinein.«

Wieder entspann sich ein stundenlanger Streit. Entnervt gab meine Schwester schließlich nach und wir betraten gemeinsam das Gefängnis.

Unser Cousin wartete in einem großen hellen Raum auf uns, der einer Kantine glich. Auch andere Gefangene saßen dort mit ihren Verwandten.

Er brüstete sich mit seinen Überfällen und Räubereien. Meine Schwester war entsetzt angesichts seiner Aufschneiderei. Sie hatte sich einen halbwegs klugen jungen Mann vorgestellt. Doch was sie nun sah – da prallten zwei Welten aufeinander! Damit hatte sie nicht gerechnet. Gleich einem Luftballon, der ein kleines Loch hat, aus dem langsam die Luft entweicht, sank sie in ihrem Stuhl zusammen. Sie brachte keine Silbe über ihre Lippen.

Nach anderthalb Stunden verließen wir das Gefängnis und fuhren weiter. Es war heiß. Völlig verschwitzt steuerte ich einen Busbahnhof an, um mich umzuziehen. Als ich aus dem Auto stieg, sah ich mich unvermittelt von einer Menschentraube umringt. Immer mehr Männer kamen hinzu. Mir schoss es durch

den Kopf: »Warum gucken die mich an, was habe ich getan?« Sie starrten mich einfach nur an. Stumm und ungläubig. Dann machte es klick!: »Du bist eine Frau. Die gaffen, weil du Auto fährst. Eine Frau hinterm Steuer, das haben die hier noch nie gesehen.«
»Ich fahre kein Stück weiter«, sagte ich zu meinem Vater. »Und wenn das Auto hier stehen bleibt.« Da wurde an guten Worten nicht gespart. Lange redeten mir meine Eltern zu. Es half nichts. Sie konnten mich nicht überreden. Schließlich wurde ich auf die Rückbank verfrachtet. Meine Schwester musste fahren. Überall in den Dörfern standen die Männer auf der Straße oder saßen am Straßenrand und glotzten uns mit offenen Mündern nach, als kämen wir vom Mond.

Während der gesamten Fahrt hatte Ilza kein Wort gesagt. Ich spürte, was sie fühlte. In ihren Augen las ich: »Schau dir mein Schicksal an, schau dir an, was ich wollte und was ich jetzt vor mir habe.«

Fremde Heimat

Die Fahrt ging weiter nach Nusaybin. Wir schauten kurz das Städtchen an und fuhren nach Midyat zu Verwandten. Es hatte sich herumgesprochen, dass Besuch aus Deutschland erwartet wurde. Aus den umliegenden Dörfern waren viele Männer gekommen. Sie hatten Ziegen und Lämmer mitgebracht – jede Familie brachte etwas für das Essen mit.

Die Frauen des Dorfes waren gekommen, um zu schlachten und zu kochen. Sie durften sich nur im Küchen- und Waschbereich oder bei den Schuppen aufhalten. Im Haus sind auch bei solchen Anlässen nur die Männer. Frauen haben dort nichts zu suchen. Die Welten zwischen den Geschlechtern sind streng getrennt.

Wir, meine Schwester und ich, mussten selbstverständlich zu den anderen Frauen. Die Frauen waren sehr scheu, es wurde kaum geredet und wenn sie etwas von sich gaben, waren es Lästereien. Mein Vater spürte, dass wir es dort nicht lange aushalten würden. Zudem musste er den Männern der Verwandtschaft gegenüber irgendwie rechtfertigen, dass er sich von seinen Töchtern herumchauffieren ließ. Er schickte einen jungen Mann in den Frauenbereich. Der verkündete: »Melek ruft seine Töchter, sie sollen rüberkommen.«

Einerseits waren wir froh, von den Frauen wegzukommen, andererseits wussten wir nicht, wie wir uns unter den Männern verhalten sollten. Wie würden sie reagieren?

Als wir in die Stube eintraten, blieben wir stehen, mein Vater

stand auf und wandte sich an die Gesellschaft. Kurzerhand erklärte er:»Das sind meine Töchter. Ich habe keine älteren Söhne, sie sind die beiden Ältesten. Ich habe sie wie Jungen, wie Männer erzogen. Ihr dürft sie nicht als Frauen ansehen.«
Die Männer blickten uns erstaunt an. Wir gingen zu meinem Vater und setzten uns, eine rechts, eine links, neben ihn auf die Matratze. Wir fühlten uns nicht besonders wohl in unserer Haut. Die Situation war völlig neu für uns. Stundenlang saßen wir dort und lauschten scheu den Gesprächen. Ab und zu gingen wir raus, um uns auszutauschen.

Am Morgen des dritten Tages fuhren wir nach Diyarbekir. Alle politischen Gefangenen kamen dorthin. So auch der Cousin, den ich heiraten sollte. Es ist das schlimmste Gefängnis Kurdistans. Dort wird gefoltert, misshandelt, getötet. Nach dem Militärputsch, bei dem die türkische Regierung entmachtet worden war, hatte die Militärjunta alle Linken, vor allem die Kurden, die zumeist auch Mitglieder der PKK waren, hier eingesperrt.

Vor dem großen Gefängnistor warteten Hunderte von Leuten, die ihre Verwandten besuchen wollten. Es war heiß und stickig. Wir warteten stundenlang – von Soldaten bewacht. Ich schaute mir die Leute an und dachte:»Warum wird das Volk so unterdrückt, warum so misshandelt?«

Irgendwann am späten Nachmittag ging das große Tor auf. Ein Soldat rief, dass die Verwandtschaft von diesem und jenem reinkommen solle. Gefolgt von zwei Soldaten, die uns wie Vieh vor sich hertrieben, liefen wir durch einen schmalen Gang. Meine Mutter sagte etwas auf Kurdisch. Einer der Soldaten stieß sie mit seinem Gewehrkolben so, dass sie beinahe hinfiel, und schrie:»Türkisch sprechen.«

Wütend erwiderte ich auf Türkisch:»Sie kann aber kein Türkisch.«

Nun spürte ich sein Gewehr in meinem Rücken. »Weiter«, brüllte er mich an.

Vor einem Gitter hieß es plötzlich: »Halt!«

Dahinter stand ein Mann, abgemagert, entkräftet, in einem zerschlissenen grünlichen Militäranzug – mein Cousin. »Hallo, wie geht's?«, begrüßte mein Vater seinen Neffen.

»Gut«, erwiderte der kraftlos. Man konnte kaum seine Stimme hören.

Meine Mutter heulte.

»Mama, weine nicht, bitte!«, war die schwache Stimme von der anderen Seite des Gitters zu vernehmen.

Nach drei Minuten schrie der Soldat: »Besuchszeit Ende, raus!«

Mir blutete das Herz. Ich dachte: »Meine Eltern haben recht. Einem Mensch, der so abgeschottet ist von der Welt, dem kann man nicht sagen: ›Ich werde dich nicht heiraten.‹ Das wäre unmenschlich.«

Auf der Rückfahrt nach Midyat schwiegen wir.

Als wir in der Stadt ankamen, war unsere ganze Familie eingetroffen. Sie hatten ihre Töchter mitgebracht. Über vierzig Mädchen waren gekommen, schön gekleidet und festlich geschmückt. Sie hatten gehört, dass ein heiratsfähiger Junge aus Deutschland anwesend sei. Inzwischen war es schwierig geworden, nach Deutschland zu kommen. Für ein kurdisches Mädchen ist Deutschland das Paradies und eine Heirat beinahe die einzige Möglichkeit, der Armut in der Heimat zu entrinnen.

Ein besonders angesehener Mann sprach zu meinem Vater: »Wie du siehst, haben wir unsere Töchter mitgebracht. Dein Sohn soll sich diejenige aussuchen, die er am meisten begehrt. Wir geben sie umsonst, du bist unser Verwandter, du bist unser

Oberhaupt. Wir wollen nichts von dir haben. Nur bekleide sie, schmücke sie mit dem Gold, das das Mädchen verlangt.«

Mein Bruder Adil, gerade dreizehn geworden war, wurde gerufen. Er schaute ein bisschen verlegen, aber nicht ohne Stolz in die Runde. Dann zog er sich schweigend zurück. So ging das Tag für Tag. Immer neue Mädchen kamen. Die Mädchen versuchten zu zeigen, was sie konnten. Sie kochten, sie wuschen, sie zeigten sich von ihrer besten Seite. Und sie versuchten, sich in die Herzen meiner Eltern einzuschmeicheln – in der Hoffnung, sie würden die Entscheidung ihres Sohnes beeinflussen.

Ein Mädchen blieb die ganzen drei Wochen unseres Aufenthalts im Haus. Sie wusch, sie kochte, sie tat alles, um Adil zu gefallen. Sie war acht, vielleicht gar zehn Jahre älter und viel erfahrener als er.

Eines Morgens hörte ich Adil sagen: »Sie ist es, ich heirate sie.«

So wurde die Verlobung beschlossen. Wir Mädchen dachten nicht darüber nach, ob die Entscheidung unseres Bruders richtig oder falsch sei. Wir sahen nur, dass er heiraten würde und zeigten unverhohlen, wie stolz wir auf ihn waren.

Ist die Verlobung beschlossen, beginnt ein geschäftiges Treiben. Das Fest muss vorbereitet werden, die Braut braucht neue Kleider, der Bräutigam muss rasiert werden. Die Schwiegermutter der Braut leitet die Vorbereitungen. Erfahrene Frauen helfen ihr dabei. Sie fahren in die Stadt, um Kleider zu kaufen oder lassen Stoffe bringen, aus denen sie genäht werden. Das Brautkleid wird aus besonders wertvollen Stoffen angefertigt. Der Vater des Bräutigams organisiert den Friseur, die Musiker und schickt die frohe Kunde in die Umgebung. Für das Fest werden köstliche Speisen zubereitet.

Ziegen, Lämmer und Schafe werden geschlachtet, gekocht und im Lehmofen gegrillt, in dem normalerweise das Brot gebacken wird.

Der Familie besonders nahestehende Frauen helfen bei den Vorbereitungen. Eine kocht Reis, eine knetet Teig, eine backt Brot, eine schneidet Gemüse, eine bereitet einen großen Gemüseeintopf, eine tranchiert Fleisch, eine grillt. Es gibt Frauen, die besonders gut kochen können. Diese Köchinnen schauen den anderen Frauen über die Schulter und zeigen ihnen, wie sie die Speisen zubereiten und verfeinern sollen.

Zum rituellen Färben der Hände wird kiloweise Henna gekauft. Die blutrote Farbe, die aus dem Henna-Strauch gewonnen wird, ist ein Symbol für die Reinheit des Mädchens, die in unserem Kulturkreis sehr wichtig ist. Die Henna wird in großen Metallschüsseln mit Wasser und kaltem Tee gemischt und zu einer geschmeidigen Masse geknetet. In die glatt gestrichene Teigmasse werden Kerzen gesteckt. Je nach Größe der Hochzeitsgesellschaft stehen schließlich mehrere Dutzend Schüsseln mit Henna bereit. Um die Schüsseln werden zum Schmuck Tücher oder Papier drapiert.

Sind alle Gäste eingetroffen, beginnen die Musiker zu spielen. In großen Schüsseln werden Unmassen Bonbons herumgereicht. Es wird getrunken und gegessen. Die jungen Männer haben die Aufgabe, die Gäste zu bewirten: Einer bringt ein Tablett mit Tee, einer serviert Kaffee, einer geht mit einer Flasche Kölnisch Wasser umher und gibt jedem ein paar Tropfen zur Erfrischung auf die Hand.

Wenn es dunkel ist, entzünden Braut und Bräutigam gemeinsam die Kerzen in den Hennaschüsseln. Die Frauen und Mädchen bilden eine Kette und tanzen mit den Schüsseln stundenlang im Kreis um das Paar herum. Die Kerzen symbolisieren das Licht im Leben des Paares.

Dann verstummt die Musik. Das Brautpaar wird in die Mitte des Hofes gerufen. Eine angesehene Frau trägt begleitet vom Hennalied und dem rhythmischen Klatschen der Gäste eine große Schüssel Henna zur Braut und bleibt vor ihr stehen. Die Braut schließt eine Hand zur Faust. Ein Verwandter des Bräutigams reicht ihr für alle Anwesenden sichtbar ein Goldstück. Nun öffnet die Braut die Faust, um die Gabe entgegenzunehmen. Sie wird auf ihre Handfläche gelegt und dick mit Henna bestrichen. Beim Bräutigam wird nur der kleine Finger eingefärbt. Beide bekommen ein Tuch über die Hand, das am Handgelenk verknotet wird. Daraufhin werden die Hand des Bräutigams und die Hand der Braut zusammengebunden. Das bedeutet: Ihr seid jetzt miteinander verbunden. Die Frau, die die Zeremonie vornimmt, tanzt zusammen mit Braut und Bräutigam. Dabei hält sie deren gebundene Hände fest und singt, begleitet vom Chor der Gäste, das Hennalied.

Anschließend streicht die Frau allen Gästen Henna auf die Hände – als Zeichen, dass sie am Fest teilgenommen haben. Die Teigmasse trocknet nach wenigen Minuten und lässt eine rotbraune Verfärbung der Haut zurück.

Drei Tage lang wurde gefeiert, getanzt und gejubelt. Nach der Verlobung fuhren wir zurück nach Deutschland. Adils Braut kam einige Monate später nach.

Hoffnungslos

Wieder in Deutschland bot mir die Vorarbeiterin bei Telefunken an, einen Kleinbus zu fahren, mit dem ich andere Arbeiter zur Arbeit abholen und nach der Schicht wieder nach Hause bringen sollte. Ich durfte den Wagen mit nach Hause nehmen und bekam obendrein noch Geld für diesen kleinen Dienst. Nunmehr war ich unabhängig von unserem Familienauto. Doch mein Glück währte nicht lange: Nach einigen Monaten wurden unsere Arbeitsplätze wegrationalisiert. Neue Bestückungsmaschinen übernahmen die Arbeit der Techniker. Mir wurde gekündigt. Der Traum von der Weiterbildung zur Fernsehtechnikerin zerplatzte wie eine Seifenblase.

Wieder saß ich den ganzen Tag zu Hause. Morgens nach dem Aufstehen putzte ich Wohnzimmer, Esszimmer und Küche. Ich bereitete das Frühstück für meine Geschwister, die Eltern, den Besuch und machte meine kleinen Geschwister für die Schule fertig. Waren die Kleinen aus dem Haus, räumte ich den Frühstückstisch ab. Danach ging es im Obergeschoss des Hauses weiter: Bettenmachen, Aufräumen, Staubwischen, Wäschewaschen. Waren diese Aufgaben erledigt, musste ich mit den Vorbereitungen für das Mittagessen beginnen. Wollte mein Vater Verwandte besuchen oder meine Mutter zum Einkaufen, musste ich sie mit dem Auto kutschieren.

Mein Vater und die Verwandten lagen mir den ganzen Tag in den Ohren: »Geh zum türkischen Konsulat. Beantrage die Papiere, damit du deinen Cousin heiraten kannst.« Keiner wusste, wie lange er noch im Gefängnis sitzen musste. Doch die Verwandten hofften, dass er bald rauskommen würde, wenn wir erst verheiratet wären.

Ich wollte ihn indes keinesfalls heiraten, denn ich war mir im Klaren darüber, dass er die Anweisungen meines Vaters strikt befolgen würde: Ich würde keine Kontakte zur Außenwelt haben dürfen, keine Kontakte zu meinen deutschen Freunden und würde mich ganz und gar nach seinem Willen richten müssen. Wenn er sagte: »Steh auf!«, müsste ich aufstehen. Wenn er sagte, »Setz dich hin!«, müsste ich mich hinsetzen. Wenn er sagte: »Sei still!«, müsste ich ruhig sein. Niemals wollte ich mich diesen Zwängen unterwerfen.

Es gab nur einen Ausweg: Einen Mann heiraten, der in Deutschland aufgewachsen und zur Schule gegangen war, der eine gute Ausbildung hatte und akzeptierte, dass auch die Frauen Rechte haben. Doch es gab nicht viele Jesiden, die hier aufgewachsen waren. Wir waren eine der ersten jesidischen Familien in Deutschland. Einen solchen Mann zu finden erwies sich demzufolge als hoffnungslos.

Flucht ins Ungewisse

Um möglichen Brautwerbern vorzubeugen, erzählte mein Vater allen: »Meine Töchter sind meine Bräute.« Das bedeutete: »Sie sind vergeben, ihr braucht euch nicht zu bemühen.« Er baute eine Mauer um uns.
Unter den vielen Leuten, die uns besuchten, gab es einen Kurden, den ich nett fand. Er hieß Schemil und war Ende der siebziger Jahre als Asylbewerber nach Deutschland gekommen. Eines Tages kreuzte er mit seinem Onkel und drei Cousins aus der Türkei bei uns auf. Ich war allein mit meinen Geschwistern. Wir reichten ihnen, wie es bei uns üblich ist, etwas zu essen und zu trinken. Weil ein Mädchen nicht mit einem fremden Mann sprechen darf, gab ich ihm durch Zeichen zu verstehen, er möge zu mir hinauskommen. Unter dem Vorwand: »Du wolltest mir doch eine kurdische Kassette geben«, brachte ich ihn dazu, zu seinem Auto zu gehen. Ich folgte ihm. Unter vier Augen fragte ich ihn: »Was wollt ihr?«
Er antwortete: »Dich!«
»Wie bitte?!« Ich dachte, ich hätte mich verhört.
»Ich will dich heiraten.«
Zornig zeigte ich mit meinem Finger auf ihn, was streng verboten ist, und lachte: »Du? Mich?«
Ich fand es lächerlich, dass er es als Abkömmling einer Familie geringen Ansehens wagte, um die Hand der Tochter eines angesehen Vaters anzuhalten.
»Warum nicht?«, gab er trocken zurück. »Wenn ich auch

nicht aus einer guten Familie komme, so bin ich doch ein Jeside.«

Ich hob kleine Kieselsteine vom Boden auf und bewarf ihn damit: »Macht, dass ihr wegkommt!«

Schemil lachte und huschte schnell wieder ins Haus hinein, bevor die anderen bemerkten, dass wir beide draußen waren. Er setzte sich zu seinen Verwandten, als wäre nichts gewesen. Sie plauderten und tranken Tee. Es war bereits tief in der Nacht, als endlich mein Vater nach Hause kam. Die Besucher durften bei uns schlafen.

Am nächsten Tag frühstückten sie bei uns. Danach bat Schemils Onkel meinen Vater um ein vertrauliches Gespräch. Sie gingen im nahe gelegenen Wäldchen spazieren. Der Onkel erklärte meinem Vater, dass sie meinetwegen gekommen wären und sein Neffe um meine Hand anhalten wolle. Mein Vater wurde zornig: »Ist dir nicht zu Ohren gekommen, dass meine Töchter ihren Cousins versprochen sind?«

Was blieb dem Onkel da übrig, als meinem Vater zu sagen: »Herzlichen Glückwunsch, dass du sie deinen Neffen versprochen hast. Nun weiß ich Bescheid. Ich spreche mit meinem Neffen darüber. Er wird sich von Gülnaz fernhalten.«

Nachdem die beiden zurückgekehrt waren, tranken alle zusammen noch einen Tee und die Besucher fuhren davon. Mein Vater verriet mir nichts von dem Gespräch. Es kamen öfter Bewerber, die um meine Hand anhielten. Er erzählte uns überhaupt nie, weshalb Besucher zu uns kamen. Doch erfuhren wir es meist von meiner Mutter oder von seinen eigenen engen Verwandten.

Mein Vater erzählte den beiden Söhnen seiner Schwester, die eng mit uns verkehrten, was geschehen war. Eines Tages, als mein Vater nicht zu Hause war, sagte sein Schwager zu meiner Mutter: »Es ist nicht richtig, was Melek macht. Wie soll das weitergehen? Die Cousins, denen eure Mädchen versprochen sind, sitzen im Gefängnis. Wer weiß, wann sie rauskommen. Eure Mädchen sind jetzt groß und reif für die Heirat. Wäre ich ihr Vater, hätte ich sie dem jungen Mann gegeben«. Er sagte dies, um zu sehen, wie meine Mutter darüber dachte, denn er wollte seinen eigenen Cousin und seinen Bruder bei uns unter die Haube bringen.

Ich verfolgte das Gespräch mit großen Ohren. Meine Eltern stritten sich wegen uns. »Wie soll das weitergehen?«, warf meine Mutter meinem Vater vor. »Allen erzählst du, dass deine Töchter vergeben sind, aber deine Neffen sind im Gefängnis!«

Mein Vater entgegnete: »Sie sind solange vergeben, bis meine Neffen aus dem Gefängnis kommen. Dann können die selbst entscheiden, ob sie heiraten wollen.« Um meine Mutter zu beruhigen, fügte er hinzu: »Vielleicht wollen die Neffen ja nicht. Im Übrigen werden sie keine besseren Männer als meine Neffen finden.«

Ich wollte nicht wie meine Schwester Ilza leben: jeden Tag Streit mit den Eltern und Schläge von Mutter und Vater. Ich wollte selbst über mein Leben bestimmen, keine Marionette sein, die von anderen Leuten gespielt wird. Weder von meinem Vater noch von einem Mann, den ich nicht liebte.

Schemil ließ, dem Versprechen seines Onkels zum Trotz, nicht locker. Stundenlang fuhr er mit seinem Auto vor unserem Haus die Straße auf und ab. Er gab so stark Gas, dass er nicht zu überhören war. Auch sonst wusste Schemil, wo er mich finden konnte. Wurden kurdische Filme gezeigt, gingen wir alle ins Kino. Es gab ja weder Videos, noch liefen kurdische Spielfilme im Fernsehen. Wenn ich kam, war Schemil schon da und wartete auf mich. Auch auf kurdischen Festen scharwenzelte er stets um mich herum.

Zwar hatte mein Vater ihm verboten, um mich zu werben,

doch er ließ sich nicht einschüchtern. Es gab so viele schöne jesidische Männer, doch die trauten sich nicht an uns heran. Sie akzeptierten den Willen meines Vaters. Nicht so dieser Mann. Er war der Einzige, der sich nicht einschüchtern ließ und es wagte, meinem Vater die Stirn zu bieten.

Irgendwann meinte ich, Schemil liebe mich so sehr, dass er keine andere Frau heiraten könne. Ich bildete mir ein, seine Liebe sei stark genug, mich nicht zu verletzen und meine Wünsche zu respektieren. Er schien mir freier als die anderen jesidischen Männer. Weil Schemil allein in Deutschland war, war er unabhängiger, nicht so sehr an seine Familie gefesselt. Vor allen Dingen glaubte ich, ich könnte ihn nach meinem Bild formen: Was altmodisch an ihm war, würde ich fortjagen.

Wir hatten ein gutes Verhältnis zueinander. Er sagte: »Du bist frei. Du darfst alles tun, was du willst. Du kannst überall hingehen.« Er akzeptierte mich ohne Kopftuch, mit Hosen, als Autofahrerin. Die Heirat mit diesem Mann war die einzige Chance, aus der Einzäunung, die mein Vater um mich gezogen hatte, zu fliehen.

Wieder trafen wir uns auf einem kurdischen Fest. Schemil bedrängte mich: »Komm mit mir! Lass uns abhauen!«

»Gut«, sagte ich, »ich komme mit dir.«

Nachdenklich fuhr ich nach Hause. Ich wollte nicht einfach verschwinden. Irgendwie wollte ich meinem Vater mein Handeln verständlich machen. Er sollte wissen, warum ich diesen Entschluss gefasst hatte. Er hätte sich niemals träumen lassen, dass ich von zu Hause weglaufen könnte. Er hielt mich für zu stolz.

Zu Hause angekommen, ging ich in mein Zimmer, schloss die Tür hinter mir ab, setzte mich heulend auf mein Bett und schrieb einen Brief. Die Gedanken wirbelten mir durch den

Kopf. Beschmutze ich die Ehre meiner Familie? Mache ich meinen Vater klein? Die Tränen rannen wie Regentropfen an der Fensterscheibe hinunter auf meinen Brief. Ich schrieb immer offener und wütender, was ich dachte. Ich fand Worte, die ich mich nie zu sagen getraut hatte.

»Lieber Vater. Ich wollte immer in Weiß heiraten. Ich glaubte an die Zukunft. Den Traum, den jedes normale Mädchen im Leben hat, hatte auch ich: ein großes Hochzeitsfest mit Hunderten von Gästen, mit Vater und Mutter an meiner Seite und im Kreise meiner Geschwister. Ich wollte glücklich in einem Hochzeitssaal hin und her tanzen. Doch du hast meinen Traum in Weiß nicht erfüllt. Du hast mich schwarz gekleidet und auf einen Weg ohne Zukunft geschickt, so als hättest du mich in ein Meer geworfen, obwohl ich nicht schwimmen kann. Deine Verwandtschaft ist dir wichtiger als wir. Ihr hast du uns geopfert! Hättest du anders gehandelt, hätte ich diesen Schritt niemals gewagt.«

Ich nahm den Schmuck ab – sechs Armreifen und einen Ring aus Gold, den mir meine Mutter auf der Reise in die Türkei gekauft hatte – und legte ihn zu dem Brief in den Umschlag. Es gehört sich nicht für ein jesidisches Mädchen, dass sie Wertgegenstände wie Geld, Gold, Teppiche, Auto, die sie zu Hause erwirtschaftet oder geschenkt bekommen hat, zu einem Mann mitnimmt.

Ich hatte das Auto, um meine Schwester und meine Mutter um zehn von der Arbeit abzuholen. Meine Schwester war bekannt, sie war mittlerweile im Betriebsrat der Firma Schalschluck für die ausländischen Frauen verantwortlich.

Ich fuhr mit dem Wagen zum Firmenparkplatz und stellte ihn ab. Den Schlüssel gab ich beim Pförtner ab: »Gleich kommen meine Mutter und meine Schwester. Sie sollen sie sich keine Sorgen machen. Ich habe noch etwas zu tun. Geben sie meiner Schwester den Schlüssel.«

Beschmutzte Ehre

Schemil holte mich mit seinem Auto vom Firmenparkplatz ab. Wir fuhren nach Hannover. Dort wohnte ein Onkel von ihm. Wir hofften, bei ihm eine Bleibe zu finden. Auf dem Weg plagte mich eine Frage: Darf ich heiraten, obwohl meine ältere Schwester noch nicht verheiratet ist? Darf ich das meiner Schwester antun? Es gilt in der jesidischen Kultur als Respektlosigkeit gegenüber der älteren Schwester, wenn die jüngere vor ihr heiratet. Bei den Jungen ist das nicht so streng geregelt. Doch bei den Mädchen fangen die Leute gleich an zu tratschen: Wieso heiratet die Kleine zuerst? Die Große will wohl keiner haben. Das traf in unserem Fall sicherlich nicht zu. Schließlich waren immer wieder Leute zu uns gekommen, die um die Hand meiner Schwester angehalten hatten. Das Problem bei uns beiden war eben, dass mein Vater uns unseren Cousins versprochen hatte. Meiner Schwester war diese schwierige Lage, die uns beide zu Opfern der Tradition werden ließ, durchaus bewusst. Deshalb würde sie mir verzeihen. Vielleicht würde mein Vater jetzt, wo ich ausgebrochen war, einsehen, dass er meine Schwester nicht zwingen konnte, den Cousin zu heiraten.

Als der Onkel meines Mannes hörte, dass wir durchgebrannt waren, wurde er blass. Er lief in die Küche zu seiner Frau, die zwei Minuten später völlig aufgelöst hereinkam. Sie reichte jedem von uns einen Apfel und stammelte aufgeregt: »Schnell, raus hier! Ihr werdet schon gesucht!«

Wir fuhren weiter nach Westerkappeln bei Osnabrück. Dort

lebte ein Freund von Schemil mit seiner Familie. Es war schon spät in der Nacht. Schemil klingelte, der Freund schaute aus dem Fenster. »Ich habe ein Mädchen mit.«

Sein Freund verstand sofort, was los war. »Kommt rein.« Ich schämte mich vor diesen fremden Leuten. Was sollten sie von mir denken? Sie waren zwar keine Jesiden, doch sie kannten meinen Vater. Meine Befürchtungen waren umsonst. Die Leute nahmen mich warmherzig auf. Wir durften bleiben. Wir aßen, tranken und unterhielten uns. Die Frau war wie eine Mutter zu mir. Sie ersetzte mir in dieser Stunde die nahen Verwandten. »Du bist meine Braut«, sagte sie zu mir.

Schemil und ich schliefen im Wohnzimmer. Das war die Hochzeitsnacht. Ab diesem Moment galt ich nach jesidischem Verständnis als verheiratet. Ohne Hochzeit, ohne Fest war ich seine Frau geworden.

Am nächsten Tag schlachtete die Frau ein Lamm. Sie wollte ein Hochzeitsfest veranstalten, zumindest symbolisch. Ein Fest ohne meine Familie? Das brachte ich nicht übers Herz. Ich sagte: »Nein.«

Den Tag darauf rief ich zu Hause an. Mit zitternden Händen versuchte ich, den Hörer an mein Ohr zu halten. Meine Mutter war am Telefon. Unter Tränen brachte ich hervor: »Ich bereue, dass ich weggegangen bin. Darf ich nach Hause zurückkommen?«

»Du hast unsere Ehre beschmutzt. Es wird dich niemand mehr akzeptieren. Bleib, wo du bist!«

Nun erging es mir so wie Xezal, dem Mädchen in Nusaybin, das von seiner Familie verstoßen worden war, nachdem ein Muslim sie entführt hatte. Die Nabelschnur zu meiner Familie war durchtrennt. Ich konnte nicht mehr nach Hause zurück.

Von Freunden und meiner Schwester, die erkannte, wie sehr ich in Not war, erfuhren wir, dass mein Vater und seine Familienangehörigen uns suchten.

Die Männer der Verwandtschaft hatten Gericht über uns gehalten. Sollten sie uns beide umbringen oder nur den Mann? »Was haben wir davon, wenn wir unsere Tochter umbringen?«, fragten sich meine Eltern. Ein Mann schlug vor: »Wir werden nur ihn umbringen, sie werde ich heiraten. Dann haben wir unsere Ehre gewahrt: Der Mann ist tot, eure Tochter ist wieder bei euch und euer Ansehen in der Gesellschaft ist ebenso groß wie zuvor.«

Unter dem Vorwand, sie müssten ihre Ehre wiederherstellen, fragten sie überall nach uns. Doch sie suchten vergeblich. Meine Schwester und Freunde informierten uns darüber, was sie im Schilde führten. So konnten wir immer an einem sicheren Ort Zuflucht suchen. Auch die Polizei informierten wir von den Plänen meiner Verwandtschaft.

Nach einer Woche fanden wir in Westerkappeln eine schöne Wohnung. Unter uns befand sich eine Gaststätte. Wir vertrauten dem Gastwirt an, dass wir durchgebrannt waren. Er versprach, uns zu schützen: »So weit es in meiner Macht steht, werde ich euch helfen.«

Von Besuchern ließ er sich den Ausweis geben, lief die Treppe zu uns rauf und fragte: »Kennt ihr diesen Mann?« Wäre der Besucher einer der Männer gewesen, die uns suchten, hätte er sofort die Polizei alarmiert.

Weil sie uns nirgends ausfindig machen konnten, gingen sie zu Schemils Schwager und bedrohten ihn. »Wenn du nicht rausrückst, wo die stecken, bringen wir dich um.« Um ihrer Drohung Nachdruck zu verleihen, nahmen sie seine Autoschlüssel und stellten seinen Wagen quer auf die Straße. »Und wenn sie in Amerika sind – wir werden sie finden!«, riefen sie.

Als ich davon Wind bekam, dass sie Schemils Schwager erpressten, rief ich bei der Polizei in Celle an. Ich kannte aus der Zeit, in der wir dort gelebt hatten, einen Polizisten. Er zeigte großes Verständnis für mein Schicksal. Ihn bat ich um Hilfe: »Ich bin in Not, tun Sie etwas, bitte!«

Er schaltete die Polizei in Westerkappeln ein und ging persönlich zu meinen Eltern, um sie zu warnen: »Wenn Sie das Mädchen nicht in Ruhe lassen, werde ich Konsequenzen ziehen.« Dem Polizisten war aufgefallen, dass nicht mein Vater der Führer der Fehde war, sondern sein Neffe Nuri. Zu ihm sagte er: »Wenn du nicht aufhörst, die beiden zu verfolgen und zu bedrohen, landest du im Gefängnis.«

»Nein, ich drohe nicht. Ich liebe Gülnaz. Das würde ich ihr niemals antun«, stritt Nuri ab.

Mit meinen Verwandten sprach Nuri eine andere Sprache: »Wenn ich sie finde, werde ich sie mit Kugeln durchsieben.« Als der Polizist davon erfuhr, veranlasste er Nuris Verhaftung. Einen Monat lang saß er im Gefängnis. Die anderen Familienmitglieder kamen mit dem Schrecken davon.

Prinzessin und Knecht

1984 heirateten wir nach türkischem Recht – nur formal, ohne großes Fest, wie es bei den Jesiden sonst üblich ist. Viele Leute aus der jesidischen Gemeinde in Deutschland machten sich über mich lustig: »Dass eine Prinzessin so einen Knecht heiratet…« Die Familie meines Mannes war unter den Jesiden nicht angesehen, sie war arm und von anderen Leuten abhängig.

Ich erwartete, dass Schemil mich ehrte. Und ich war bereit, ihn zu ehren. Ich wollte für ihn und die Familie da sein, ihn respektieren und befolgen, was er sagt. Ich sagte mir: Die Liebe kommt von allein, sie wächst…

Die ersten Wochen in unserem neuen Heim vergingen. Die Wohnung war achtzig Quadratmeter groß, ein Zimmer war untervermietet, der Rest stand uns zur Verfügung. Wir hatten ein Schlafzimmer, ein Wohnzimmer, Bad und Küche. Ich putzte, wusch die Wäsche, machte die Betten, bereitete das Essen. Mein Mann schaute Fernsehen und unterhielt sich mit Gästen.

Wir brauchten Geld. Schemil bekam vom Sozialamt monatlich einen Scheck über zweihundert Mark. Davon konnten wir nicht leben. Manchmal hatten wir nicht mal ein Brot!

Und ich war schwanger!

Es dauerte nicht lange, bis meine Geduld platzte – ich wollte nicht herumsitzen wie ein Sack. Ich fragte überall herum, ob nicht jemand wüsste, wo es Arbeit gab. Sozialhilfe beantragen und auf die paar Mark warten, das wollte ich nicht. Dazu war ich zu stolz. Ich sagte mir: Du bist ein Mensch. Gott hat dir alles gegeben, warum sollst du nicht für dich selbst sorgen?

Ich verabredete mich mit einem türkischen Mädchen, das ich flüchtig kannte. Sie hieß Fatma und arbeitete in der Konditorei Coppenrath & Wiese, die etwa sieben Kilometer von unserer Wohnung entfernt lag. Dort waren vor allem Deutsche beschäftigt, Männer und Frauen – nur wenige Ausländer.

»Haben die nicht vielleicht trotzdem eine Arbeitsstelle für mich«, fragte ich Fatma.

»Doch, die brauchen Arbeiter in der Urlaubszeit – als Aushilfe.«

Endlich! Ein Strohhalm! Wir machten uns sofort auf den Weg. Fatma stellte mich der Personalleiterin vor. Ich sagte: »Ich mache jede Arbeit. Egal, was. Ob am Fließband oder Putzen – Hauptsache Arbeit.« Sogar zu Männerarbeit wäre ich bereit gewesen.

»Du kannst von mir aus morgen bei uns anfangen. Melde dich morgens um vier beim Vorarbeiter.«

Ich freute mich, als hätte sich mir das Tor zum Paradies geöffnet. Fatma führte mich durch den Betrieb, in dem an die dreihundert Leute arbeiteten. Sie erklärte die Arbeit am Fließband, zeigte mir, wie man die Torten aus dem Brenner herausnimmt und ging mit mir in die Backstube, wo die Bäcker den Teig kneteten. Alles, was ich sah, wollte ich auch tun. »Das kann ich auch«, meinte ich, »das mache ich mit links.«

Am nächsten Morgen stand ich um vier beim Vorarbeiter, um die Arbeit für die anderen vorzubereiten. Ich hängte Ringe auf, mit deren Hilfe die Tortenformen transportiert wurden.

Am Fließband standen fünfzehn Frauen. Eine nahm den Ring vom Haken ab und legte ihn auf das Fließband, die Nächste legte den Boden hinein, dann kam beispielsweise für die Schwarzwälder Kirschtorte eine Schicht Sahne drauf, eine andere Frau legte wieder einen Boden hinein, eine Maschine füllte die Marmeladenschicht auf die Torte, wieder eine andere Frau kümmerte sich um die oberste Sahneschicht und ihre Nachbarin kratzte die Oberfläche glatt. Die nächste Maschine bestückte die Oberfläche mit Rosetten aus Sahne, in die eine Arbeiterin jeweils eine Kirsche steckte. Daraufhin ging die Torte kurz durch den Brenner, auf der anderen Seite der Maschine nahm sie eine Frau, legte sie auf das Fließband, hängte den Ring zurück und die nächste Arbeiterin legte ein Papierband um sie herum. Zum Schluss wurde die Torte verpackt.

Ich machte sauber, packte Kuchen in Kartons und tat alles, wofür ich eingeteilt wurde. Unter den deutschen Frauen fühlte ich mich sehr wohl. Ich konnte mich mit ihnen austauschen und mir meine eigene Meinung bilden. Mit ihnen kam ich gut zurecht. Besonders nett war Ute, die Abteilungsleiterin. Um welche Arbeit ich auch immer bat, sie sagte niemals nein. Nach sechs Wochen ging die Ferienvertretung zu Ende, ich musste aufhören. Doch wer gut arbeitet, darf wiederkommen: Bald wurde ich erneut eingestellt – diesmal fest.

III
Allein mit dem Schicksal

Glück und Unglück

Tag für Tag suchten wir nach Arbeit für Schemil. Wir klapperten mit dem Auto meines Schwagers alle Industriegebiete der Umgebung ab und fragten in allen Firmen, die es dort gab, nach Arbeit. Erfolglos.

Eines Tages sprach ich mit dem Chef eines italienischen Restaurants. »Haben Sie nicht Arbeit für meinen Mann?«
»Ja, er kann bei mir als Tellerwäscher arbeiten.«
Murrend ließ sich Schemil zu der Arbeit überreden. Am Nachmittag, wenn er Pause hatte, besuchte ich ihn.
Nach drei Tagen sagte er: »Ich gehe nicht mehr hin. Es ist mir scheißegal, ich kann das nicht.«

Die Tellerwäscherei war unter Schemils Würde. Er fühlte seine Ehre gekränkt, wie er so in der Restaurantküche stand und von Hand das schmutzige Geschirr spülte.

Wieder begaben wir uns auf die Suche. In der Fleischfabrik vertrösteten sie ihn: »Komm nächste Woche wieder.« Eine Woche später fragten wir nach. Wieder lautete die Antwort: »Komm nächste Woche wieder.« Als wir das dritte Mal fragten, sagten sie: »Du kannst morgen anfangen.«

Schemil sollte in einer Kühlhalle Schweineköpfe vom Rumpf abtrennen. Aus religiösen Gründen war das eigentlich unmöglich. Wie für Juden und Muslime ist Schweinefleisch für Jesiden tabu. Doch die Türken, die dort arbeiteten, hatten sich in ihr Schicksal gefügt – es waren ausschließlich türkische Arbeiter. Wie mein Mann brauchten sie das Geld. Und ohne Anstellung gab es keine Aufenthaltserlaubnis. Wenn er am Nachmittag von der Arbeit nach Hause kam, waren seine Finger aufgerissen. Manchmal tat er mir leid. Er war sehr kaputt und klagte über Gliederschmerzen. Aber was sollte er machen – es gab keine bessere Arbeit. So ging das einen Monat.

Am 5. Dezember 1984 wurde mein erstes Kind geboren. Ein Mädchen. Ich war überglücklich und wahnsinnig stolz auf meine Tochter. Ich nannte sie Evelyn. Der Name hatte mir schon als Kind gefallen. Niemand sollte am Namen erkennen, welcher Abstammung sie ist.

Wenn es nach mir gegangen wäre, hätten alle meine Kinder in Deutschland gebräuchliche Vornamen bekommen. Mein erstes Kind durfte ich nennen, wie ich wollte. Schemil erlaubte es mir. Erst als seine Familie aus der Türkei kam, galt mein Wort nichts mehr.

Wenn bei uns ein Kind geboren wird, kommt die ganze Familie, um es zu begrüßen. Alle beschenken das Kind. Schemil war der erste. Meine Mutter, die mich zum ersten Mal seit meiner Flucht besuchte, brachte viele Tüten mit Kleidung für das Kind mit. Meine Eltern sprachen wieder mit mir, doch es stellte sich keine Nähe mehr zwischen uns ein. Sie fühlten sich verraten. In ihren Augen hatte ich mich durch meine Flucht von ihnen losgesagt. Meine große Schwester Gülistan und mein Schwager kamen mit Geld und Gold.

Meine Vermieterin holte mich mit dem Auto aus dem Krankenhaus ab. Sie war meine beste Freundin. Als ich nach Hause kam, stand alles voller Kartons, die ganze Treppe hoch. Erstaunt rief ich: »Was ist das denn?«

»Komm erst mal rein«, sagte sie und erklärte: »Ich habe eine Annonce in der Zeitung aufgegeben: ›Suche Babysachen, Kin-

derbett, Babybadewanne.‹ Die Kinderwiege ist noch von mir. Da habe ich als Baby selber drin geschlafen.«
Sie hatte alles frisch bespannt und neu zurechtgemacht. Ich war völlig begeistert.
Die erste Nacht zu Hause schliefen wir alle drei gemeinsam in unserem Schlafzimmer. Evelyn lag in der Mitte unseres Bettes, sie war unruhig und weinte. Mitten in der Nacht stand Schemil auf und riss die Decke vom Bett: »Ich hab die Nase voll von dir und deiner Tochter, ich gehe ins Wohnzimmer schlafen.«
Am Morgen ging Schemil wie gewöhnlich zur Arbeit ... zwei Stunden später kam er wieder nach Hause. Doch was war das? Ich erkannte ihn kaum wieder. Die linke Gesichtshälfte und der linke Arm waren gelähmt. Das linke Auge war weit geöffnet, er konnte es offenbar nicht schließen. Ich war schockiert!
Mit einem Teelöffel flößte ich ihm Nahrung ein. Er brauchte Hilfe beim Anziehen und Waschen. Plötzlich hatte ich nicht nur ein Baby, sondern zwei.
So ging das nicht. Schemil musste ins Krankenhaus. Der Arzt diagnostizierte einen Schlaganfall. Nach zwei Wochen wurde Schemil entlassen, kam wieder hinein und blieb vier Wochen. Dann wurde sein Arm operiert. Er verlor den Job und lebte wieder von Sozialhilfe.
Nun saß Schemil krank zu Hause. Gelegentlich ging er zweimal pro Tag zum Arzt oder zu irgendwelchen Behandlungen. Es dauerte Jahre, bis er die Lähmung überwunden hatte.
Eines Tages kam Schemils zweitjüngste Schwester mit ihrem Mann zu Besuch, um unsere Tochter zu sehen. »Wo Schemil jetzt so gelähmt ist«, stichelte sie, »wirst du da bei ihm bleiben?«
Ich wurde wütend: »Du bist eine unverschämte Frau! Wenn das dein Mann wäre, würdest du ihn sitzen lassen und abhauen?«
Ihr Mann, dem das furchtbar peinlich war, versuchte zu schlichten: »Nimm das bitte nicht so ernst.«

Der Pascha

Meine türkische Ärztin sagte zu mir: »Du musst deinem Mädchen alles frisch zubereiten, du darfst ihr keinen Fertigbrei geben.«

Ich tat, was ich konnte. Ich wäre gern zu Hause geblieben, aber wir brauchten Geld. Acht Wochen nach der Geburt musste ich wieder zur Arbeit gehen.

Bei einem Verwandtenbesuch hatte ich den Mann einer christlichen Familie aus der Türkei kennengelernt. Er war ein Bekannter meines Vaters. Es war eine sehr gute Familie. Sie hatten mich gern, sie kannten unsere Lage, sie wussten, dass Schemil krank war. Und die Frau ging für mich durchs Feuer! Sie bot mir an, Evelyn zu betreuen: »Ich unterstütze dich. Meine Tochter ist auch noch klein, die beiden können zusammen aufwachsen.«

Die Familie wohnte in der Nähe von Osnabrück, dorthin musste ich Evelyn bringen. Manchmal war meine Tochter eine ganze Woche bei ihrer Pflegemutter, weil ich in Schichten arbeitete.

Die Frühschicht bei Coppenrath & Wiese begann um vier, spätestens um fünf. Um diese Uhrzeit fuhr noch kein Bus. Ich musste daher zu Fuß gehen oder mit dem Rad fahren. Kam ich von der Arbeit nach Hause, begleitete ich Schemil zum Arzt. Es war eine sehr schwierige Zeit. Ich betete: »Gott, gib mir Kraft. Lass mich das überwinden!«

Mit meiner Schichtführerin in der Konditorei verbrachte ich nicht nur die Pausen. Manchmal tranken wir nach der Arbeit einen Kaffee und unterhielten uns. Einmal besuchte ich sie für ein paar Minuten zu Hause – Schemil durfte davon nichts wissen. Ich wollte deshalb keinen Streit zu Hause. Ich hätte gern mehr mit ihr unternommen. Weil jedoch mein Mann etwas dagegen hatte, telefonierte ich nur hin und wieder mit ihr. Manchmal, wenn er nicht zu Hause war, kam sie auf einen Kaffee mit in unsere Wohnung gehuscht.

Bei den Kurden unternimmt eine Frau niemals etwas allein – das ist absolut ausgeschlossen. Erst recht nicht bei den Jesiden! Kontakte sind in der jesidischen Gesellschaft an die Familie gebunden. Geht eine Frau aus, dann tut sie das mit Mann und Kindern.

Hätte ich zu Schemil gesagt: »Ich will mit einer Freundin für drei Tage nach Istanbul fahren«, hätte er geantwortet: »Lass meine Kinder hier, geh zu deinen Eltern und komm nie wieder! So eine Frau will ich nicht haben!«

Der Mann indes darf tun und lassen, was er will – er kann drei Tage wegbleiben, aber auch Wochen, ja Monate. Wie es ihm gefällt. Er kann durch die ganze Welt reisen – ohne die Frau um ihre Meinung zu fragen.

Ich wollte gar nicht verreisen. Aber meine Fahrlehrer-Akademie hatte ich nicht vergessen. Ich hatte vor, auf der Akademie zu studieren. Das Geld wollte ich von meinen Geschwistern und Verwandten leihen. Eine Goldkette mit sieben Edelsteinen, die ich von meiner Mutter hatte, hätte ich verkaufen können...

Braunschweig liegt zweihundert Kilometer von Osnabrück entfernt. Ich überlegte, wie ich es einrichten könnte, dort zu studieren. Zum Pendeln war es zu weit. Und übernachten? Ich hoffte, Schemil würde meine Pläne unterstützen. In einer ruhigen Minute erzählte ich ihm von meinem Traum.

Er lachte mich aus: »Wie willst du das machen?«

»Ein Zimmer mieten.«

»Wie soll ich unter die Jesiden gehen? Die fragen mich doch dann: ›Was bist du für ein Mann? Deine Frau übernachtet allein unter Fremden, unter Deutschen?‹ Verhöhnen würden sie mich.«

Schemil dachte in diesem Punkt genauso wie mein Vater. Für meine Wünsche hatte er keinerlei Verständnis. Sie passten nicht in sein Weltbild. Allein, dass ich arbeitete, konnte er nur schwer akzeptieren. Doch was blieb ihm anderes übrig, als es hinzunehmen? Wir brauchten das Geld zum Leben.

Am liebsten wäre ihm gewesen, ich hätte am Herd gestanden, ihn verwöhnt und jedes Jahr ein Kind bekommen. Er spielte den Pascha. Ich sollte seine Sklavin sein und sagen: »Ja, mein Herr, gut, mein Gebieter.«

Er selbst saß den ganzen Tag zu Hause oder spielte bei Verwandten Karten um einen Kasten Bier oder Geld. Ich versuchte ihn dazu zu bewegen, sich eine Arbeit zu suchen, die nicht so anstrengend war. In der Hoffnung, dass er Lust bekommt, mit anderen Menschen zusammenzuarbeiten, etwas anderes zu erleben und die deutsche Kultur kennenzulernen, schleppte ich ihn zum Arbeitsamt. Vergeblich. Ich musste einsehen, dass ich mich in Schemil getäuscht hatte.

Ein Geschenk

Schließlich war Schemil gesundheitlich wieder in der Lage, im Schlachthof zu arbeiten. Einmal, auf dem Heimweg, verpasste er den Bus. Er winkte einem Auto. Ein Deutscher hielt und brachte ihn nach Hause. Ich bot dem Besucher Tee an, dann ging er.

Nach einer halben Stunde kehrte er zurück – er hatte in der Apotheke eine Salbe für Schemil besorgt, dessen Hände von der schweren Arbeit mit den Schweineköpfen furchtbar wund waren. Nach einem kurzen Gespräch lud er uns ein, ihn und seine Frau zu Hause zu besuchen. Schemil war – wie die meisten Jesiden – gegen Kontakte mit Deutschen. Doch bevor er »Nein!« sagen konnte, schlug ich unserem Gast vor: »Kommt ihr doch erst einmal zu uns!«

Er nahm die Einladung an.

Ich kochte und tafelte auf, was ich hatte: gefüllte Paprika, Reis, Hühnchenfleisch, Teigtaschen. Wir aßen gemeinsam und unterhielten uns gut. Die beiden waren Lehrer, sehr aufgeschlossen und interessiert. Sie kannten die Türkei. Wir schilderten unsere Situation und erzählten von der schweren Arbeit, die Schemil im Schlachthof verrichten musste. Es war ein schöner Abend.

Irgendwann stand der Gegenbesuch an. Schemil wusste, dass ich allein gehen würde, wenn er nicht mitkäme. Weil er das nicht zulassen durfte, hatte er keine Wahl. Er musste mitkommen.

Die Frau hatte gekocht. Das Essen schmeckte hervorragend. Nach dem Essen zeigten sie uns die Wohnung. Sie war schön und sauber. Der Mann zeigte uns türkische Bücher, er konnte sogar ein paar Worte Türkisch sprechen. Beim Abschied sagte er zu Schemil: »Schau mal in deine Manteltasche.«

Er griff in die Tasche und zog einen Scheck heraus – über achthundert Mark!

»Das Geld ist für Gülnaz. Kaufe ein Auto für sie, damit sie nicht morgens stundenlang zur Arbeit gehen oder auf Busse warten muss. Sie hat ja sonst gar nichts von ihrem Kind.«

Wir kauften einen alten Opel. So musste ich Evelyn nicht ständig bei meiner Freundin unterbringen. Ich konnte nun schnell zu ihr nach Hause fahren und abends länger bei ihr bleiben.

Ich war unseren deutschen Freunden unheimlich dankbar. Ihre Güte werde ich niemals vergessen.

Warum machst du das mit?

Schemils ältere Schwester war mit ihrer Familie – ihrem Mann, ihrem Sohn und zwei Schwägerinnen – nach Deutschland gekommen. Vier Wochen lebten sie bei uns, bis sie im Nachbarhaus eine Wohnung gefunden hatten. Danach besuchten sie uns täglich oder wir gingen zu ihnen.

Zunächst machte sich Schemils Schwester hinter meinem Rücken über mich lustig: »Das soll eine Frau sein: geschminkt, mit Hosen wie ein Mann, in kurzärmeligen Sachen?« Sie hatte keine Ahnung, dass in Deutschland andere Regeln galten als in ihrer Heimat. »Was hast du bloß für eine Frau?«, redete sie auf meinen Mann ein.

Unter dem Einfluss seiner Schwester kam Schemil zu mir: »Du ziehst keine Hosen mehr an, sondern einen Rock!«, verlangte er von mir. »Und hör auf, dich zu schminken.«

»Du hast mich doch so geheiratet. Ich habe jahrelang so gelebt«, erwiderte ich. »Warum soll ich mich plötzlich umstellen?«

Wir gerieten heftig aneinander.

Irgendwann fing seine Schwester an, sich zu schminken und Hosen anzuziehen. Nach ein paar Monaten ließ sie sich den Pony schneiden und die Haare rot färben.

»Wie kommst du dazu?«, fragte ich sie, als sie mich mit ihrer neuen Frisur besuchte.

»Mein Mann will das so.«

Es dauerte nicht lange, da kam auch Schemils Bruder mit seiner Frau und drei Kindern nach Deutschland. Sie zogen bei uns ein – und blieben für drei Monate in Westerkappeln. Wären sie nicht bei uns untergekommen, hätten sie nach Braunschweig in ein Sammellager gehen müssen. Das kam natürlich nicht infrage. Nach drei Monaten fanden sie eine eigene Wohnung in Glandorf.

Bei einem Besuch beklagte sich die Frau des Bruders bei mir darüber, dass er sie nicht respektiert. »Er gibt mir nicht einmal Geld. Nichts! Selbst wenn ich etwas von Herzen begehre. Nicht einen Pfennig gibt er mir!«

Wie immer plusterte sich ihr Mann vor Schemil, seinem Bruder, auf: »Ich bin der Mann. Ich bestimme, was für meine Familie gut ist!«

Seine Frau versuchte, etwas einzuwenden.

»Wer bist du eigentlich?«, schnitt er ihr geringschätzig das Wort ab. »Was hast du denn zu sagen? Mach deinen Mund zu.«

Ein heftiger Streit entbrannte. Er beschimpfte sie in den übelsten Tönen und schlug sie sogar.

Ich mischte mich ein: »Was soll das? Was machst du mit deiner Frau?«

Mein Schwager schaute verwundert zu Schemil: »Sieh mal an, deine Frau widerspricht mir...«

Da packte Schemil einen Plastik-Behälter mit Stiften, der auf dem Tisch stand, und schlug damit wutentbrannt auf meinen Kopf. Er wollte wohl seine Männlichkeit demonstrieren, seinem Bruder beweisen: Schau mal, ich bin der Herr im Hause.

Auf meinem Kopf klaffte eine Platzwunde. Wir fuhren ins Krankenhaus, Schemil und sein Bruder kamen mit.

Die Wunde blutete schrecklich. Der Arzt fragte: »Wie ist das passiert?«

»Ich bin eine Treppe hinuntergefallen«, log ich.

Ich fühlte einen schneidenden Schmerz im Herzen. Stell dir vor, du wirst misshandelt und darfst nicht die Wahrheit sagen! Ich fragte mich: Warum machst du das mit?

Du hast diese Frau nicht verdient

Meine zweite Tochter wurde 1987 geboren. Ich gab ihr einen traditionellen Namen. Schemils Geschwister hatten immer über den Namen meiner ersten Tochter gelästert: »Evelyn, Evelyn, was ist das: Evelyn?« Das hatte mich geärgert.

Als mich Schemil gemeinsam mit meiner Schwester und meinem Schwager im Krankenhaus besuchte, sagte ich: »Sucht mal einen schönen Namen aus.«

»Feliz ist doch ein schöner Name«, meinte mein Schwager, »den gibt es überall.«

So gaben wir meiner zweiten Tochter den Namen Feliz.

Inzwischen waren auch meine Schwiegereltern und mein kleiner Schwager aus der Türkei übergesiedelt. Die ersten Wochen hatten sie bei uns gewohnt, dann waren sie in das Hochhaus neben uns gezogen, in dem bereits die Familie von Schemils Schwester wohnte.

Als meine Schwiegermutter uns besuchte, um das Kind zu begrüßen, klagte sie: »Ach Gott, warum schenkt uns Gülnaz keinen Jungen?« Sie prophezeite: »Du und Schemil, ihr werdet niemals einen Sohn bekommen. Gott wird euch keinen Sohn schenken. Doch ich werde für euch beten.«

»Wenn Gott mir einen Sohn schenkt, weil *du* gebetet hast, will ich diesen Sohn nicht haben«, warf ich ihr an den Kopf.

Meine Schwiegermutter glaubte, es sei eine Sache Gottes: Guten Menschen gibt er Jungen, schlechten Mädchen ... Ich war in ihren Augen schlecht, weil ich zwei Mädchen geboren hatte. Als ich ein Jahr später wieder schwanger war, ertappte ich mich tatsächlich bei dem Gedanken, dass ich mir einen Sohn wünschte – wegen der Verwandten.

Wenngleich ich mich mit meiner Schwiegermutter nicht verstand – mein Schwiegervater war sehr gut zu mir. Er war der Einzige in der Familie meines Mannes, der mich unterstützte und mir gelegentlich half. Er sagte immer: »Meine Schwiegertochter ist meine Ehre, mein Ein und Alles.«

Wegen unserer schlechten finanziellen Lage musste ich nach der Geburt meiner zweiten Tochter weiter arbeiten. Nur sechs Wochen vor der Entbindung und acht Wochen danach war ich zu Hause geblieben. Damit ich tagsüber bei den Kindern sein konnte, arbeitete ich in Nachtschichten: Abends um sechs ging ich aus dem Haus, morgens um vier war ich zurück. Über Nacht war mein Mann zu Hause. Doch morgens schlief er meist länger als ich – als wäre *er* aus der Nachtschicht gekommen.

Jeden Morgen kam mein Schwiegervater zu uns herüber, damit ich nach der Schicht ein paar Stunden Ruhe hatte. Er wickelte die Kinder, gab ihnen zu essen und ging mit ihnen spazieren oder auf den Spielplatz. Er schimpfte mit seinem Sohn: »Deine Frau braucht auch Schlaf! Sie arbeitet nachts und du kümmerst dich nicht einmal um die Kinder!« So denkt nicht jeder Schwiegervater. Wenn ich mit meinem Mann stritt, sagte der Schwiegervater zu ihm: »Du hast diese Frau gar nicht verdient!«

Meine Schwiegermutter klagte oft über ihren Mann – und über mich. Sie fragte meinen Schwiegervater: »Was liegt dir an den Kindern von Gülnaz?«

Er erwiderte: »Gülnaz und die Kinder sind mein Leben.«

Zu uns sagte er: »Ich bin stolz auf euch.« Er wollte für mich und die Kinder da sein und besuchte uns so oft er wollte, egal was seine Frau dazu sagte.

Eines Abends, meine kleine Tochter konnte noch nicht laufen, waren wir bei meinen Schwiegereltern zu Besuch. Erst spät kehrten wir nach Hause zurück. Wir hatten kaum unsere Wohnung betreten, als das Telefon klingelte. Schemil nahm ab. Sein Schwager war am Apparat: »Kommt schnell, dein Vater ist gestorben.«

Wir liefen sofort hinüber. Da lag er tot auf seiner Matratze. Er starb durch einen Herzinfarkt. Das war ein schwerer Schlag für mich.

Die Ruhe der Toten

Zum Trauern blieb mir nicht viel Zeit... Sofort wurden die engsten Verwandten benachrichtigt, die sagten wiederum allen anderen Verwandten Bescheid. Ein Trauerfall spricht sich innerhalb von wenigen Stunden in der jesidischen Gemeinschaft herum.

Schon trafen die ersten Trauergäste ein. Obwohl mein Mann nicht der älteste Sohn war, dem es normalerweise zukommt, die Trauergäste zu bewirten, fühlte ich mich meinem Schwiegervater gegenüber verpflichtet, die Gäste in unserer Wohnung zu versorgen. Meine Schwester Ilza kam aus Celle, um mir beim Kochen und Backen zu helfen.

Unter den Besuchern waren auch jesidische Geistliche mit ihren Familien, die die Gebete der Trauergäste anleiteten. Und der Jenseitsbruder – Biraye Akhrete – meines Schwiegervaters war gekommen.

Jeder Jeside hat einen Jenseitsbruder oder eine Jenseitsschwester. Auch ich habe einen. Er hatte mich ausgewählt, weil er keine Verwandten in Deutschland hatte. Da ich mich gut mit ihm verstand, willigte ich ein. Wir besiegelten unseren Bund, indem wir unsere Finger mit einem Messer ritzten und unser Blut ineinanderfließen ließen.

Mein Bruder Adil erzählt dazu folgende Geschichte:

Mich wählte ein junger Mann als Jenseitsbruder, als ich ein Jugendlicher war. Da lebten wir noch in der Türkei. Dieser Bruder soll möglichst aus der Kaste der Sheikhs oder der Pirs kommen. Normalerweise geht der Murid auf das Mitglied der höheren Kaste zu, bei mir war es umgekehrt. Man muss sich gut kennen und einander vertrauen. Denn die Sünden der beiden werden nach dem Tod geteilt.

Die Bruderschaft wurde mit Berat, das sind kleine Kugeln aus heiliger Erde und Wasser der heiligen Quelle aus Lalisch, dem religiösen Zentrum der Jesiden, besiegelt. Die Kügelchen wurden in Wasser aufgelöst, das wir tranken. Wir schworen, immer füreinander da zu sein, auch nach dem Tod. Das wurde mit einem Fest gefeiert, fast wie eine Hochzeit.

Jenseitsgeschwister müssen sich zu Lebzeiten gegenseitig davon abhalten, dass sie auf Abwege geraten. Wenn der Bruder oder die Schwester gestorben ist, muss er oder sie den Leichnam mit waschen und dafür sorgen, dass er rein unter die Erde kommt. Der Sheikh bindet vor der Beerdigung einen Knoten in das Tuch, in das der Leichnam gewickelt wird. Und zwar über dem Kopf. Bevor der Tote in das Grab gelegt wird, öffnet der Jenseitsbruder den Knoten. Damit wird der Weg zum Jenseits freigegeben.

Der Leichnam meines Schwiegervaters wurde von einem deutschen Bestattungsunternehmen abgeholt und – nachdem er gewaschen war – im Leichenhaus auf dem Friedhof aufgebahrt. Die Waschung der Toten folgt bei den Jesiden einem festen Ritual. Der Sheikh, der Pir sowie der Biraye Akhrete müssen dabei anwesend sein.

Die engsten Verwandten meines Schwiegervaters fuhren zur Kapelle und verabschiedeten sich von dem Toten. Daraufhin wurde er in ein weißes Leichentuch gewickelt und in den Sarg gelegt.

Sheikh, Pir, Jenseitsbruder und Verwandte bleiben bei dem Sarg, bis der Verstorbene begraben ist. In der Kapelle betet der Fakir die Trauerzeremonie, das dauert etwa eine halbe Stunde. Dann zieht die riesige Trauergemeinde dem Sarg hinterher zum Grab.

Mein Schwiegervater wollte auf dem Friedhof in Westerkappeln beerdigt werden – der einzige jesidische Friedhof Deutschlands befindet sich in Hannover. Für die Kirchengemeinde war es kein Problem. Sie stellte ihre Räume bereitwillig zur Verfügung.

Zur Beisetzung waren etwa dreihundert Menschen gekommen. Nach der Trauerzeremonie wird der Sarg in die Erde gelassen. Jeder Trauernde nimmt eine Schaufel voll Erde und wirft sie auf den Sarg, um sich von dem Toten zu verabschieden. Seine Seele soll in Frieden ruhen. Wenn der Sarg in der Erde verschwunden ist, spricht der Sheikh ein langes Gebet. Der Text für dieses Gebet ist vorgeschrieben. Die Frauen und Töchter weinen – mitunter sehr laut. Manche stimmen Klagelieder an.

Laut der religiösen Vorstellung der Jesiden versucht der Tote – nachdem die Trauergemeinde die Grabstelle verlassen hat –, den Menschen zu folgen. Dabei stößt er an eine Steinplatte, die ihm ins Grab gelegt worden ist. So erkennt er, dass er gestorben ist. Der Körper des Verstorbenen bleibt auch nach dem Tod »Eigentum Gottes«, deshalb dürfen wir Jesiden unsere Toten nicht einäschern.

In einem großen Saal auf dem Friedhof, den uns die Kirchgemeinde zu Verfügung gestellt hatte, war eine Tafel mit Speisen und Getränken vorbereitet: Obst, Süßigkeiten, Kekse, Brot, Fleisch, Reis. Die Trauergäste aßen etwas und sprachen den Verwandten ihr Beileid aus. Nach ein paar Stunden verabschiedeten sich die Leute, die eine längere Rückreise vor sich hatten. Diejenigen, die in der näheren Umgebung wohnten, kamen mit zu uns nach Hause.

Auf dem Grabstein meines Schwiegervaters stehen sein Name und die Lebensdaten. Dass der Verstorbene Jeside ist, wird durch ein Symbol gekennzeichnet: Bei meinem Schwiegervater ist es Taus-î Melek, der »Engel Pfau«. Auf anderen Grabsteinen ist die Sonne abgebildet. Wichtig ist, dass der Tote so begraben wird, dass sein Gesicht in Richtung des Sonnenaufgangs – also nach Osten – zeigt.

Drei Monate lang kamen von früh bis spät Verwandte und Bekannte, um ihr Beileid zu bekunden. Mein Schwiegervater hatte sehr viele Verwandte und viele Leute kannten ihn. Sie alle kamen zu uns, der Familie seines Sohnes. Jeden Tag waren zehn oder zwölf Leute zu Gast, manchmal auch mehr. Sie saßen in unserer Wohnung, aßen, tranken und plauderten. Manche blieben nur einen Tag, andere länger.

Nach vierzig Tagen wird jesidischem Brauchtum gemäß noch einmal ein großes Essen gegeben. Erneut luden wir Verwandte und Freunde ein: »Wir geben für unseren Vater ein Essen.« Nach dem gemeinsamen Mahl bekommt jeder Gast eine Tüte mit Obst, Brot oder Fleisch für den Heimweg.

Ein letztes Mal traf sich die Trauergemeinde wie bei uns üblich am ersten Todestag. Wieder hielten Geistliche eine Trauerzeremonie ab. Die Leute kamen zum Essen und sagten: »Gott soll ihn segnen.«

Zu Ehren ihrer Toten feiern die Jesiden einmal im Jahr – im Dezember – das Fest Nane Miriye. Jeder gedenkt seiner Toten und betet für sie. Es wird geschlachtet. Man geht von Haus zu Haus und trägt das frische Fleisch zusammen mit Brot zu Nachbarn und Verwandten. Auch Obst und Sewik, süßes Gebäck, werden verteilt. Sewike Miriye bedeutet »Brot für die Toten« – damit sie Ruhe haben.

Die Muslime haben ebenfalls einen Tag, an dem sie Gaben verteilen. In Nusaybin machten sie einen großen Bogen um unser Haus. Sie sagten: »Den Teufelsanbetern geben wir nichts.« Ob Christen oder Muslime – ich bringe meinen Nachbarn immer etwas. Nur, wenn sie meinen Glauben nicht respektieren oder gar verfluchen, gebe ich nichts. Denn dann haben die Toten keine Ruhe ...

Ein Sohn ist nicht genug

Nachdem die Trauerfeierlichkeiten beendet waren, kehrten wir zum normalen Leben zurück. Schemil hatte seine Arbeit verloren. Er saß wieder zu Hause oder spielte Karten bei seinem Schwager. Eines Tages sagte er: »Was soll ich den ganzen Tag allein herumsitzen? Gib mir das Auto!«

Ich überließ ihm das Auto. Er brachte mich zur Arbeit und holte mich ab.

Einmal vergaß er über dem Spielen, mich von der Nachtschicht abzuholen. Morgens um vier stand ich allein vor dem Fabriktor. Vom Pförtner aus rief ich einen Bekannten an, um herauszufinden, wo mein Mann steckte. Er wusste es auch nicht.

»Ich habe große Angst – allein, nachts, als Frau – durch den Wald zu gehen.« Es waren anderthalb Stunden Fußweg bis nach Hause. »Was soll ich machen?«

»Warte«, sagte er, »ich werde zusehen, dass ich irgendwo ein Fahrrad auftreibe. Ich hole dich ab.« Er fand ein Fahrrad und zog es mit sich, während er auf seinem eigenen zur Fabrik fuhr.

1989 bekam ich einen Sohn. Ich nannte ihn nach meinem Schwiegervater: Sabri. Schemil freute sich riesig über den Knaben. Er kam mit einem großen Blumenstrauß in die Klinik. Sein Stolz stand ihm ins Gesicht geschrieben. Er zwirbelte an seinem Schnurrbart. Dann konnte er sich nicht länger halten. Er gab mir einen Kuss auf die Stirn und nahm das Kind auf seinen Arm. Für einen kurdischen Mann wiegt ein Sohn alle Töchter auf, weil er seinen Namen weiterträgt. Der Sohn wird das Oberhaupt der Familie. Er tritt an die Stelle des Vaters. Ein Mädchen, egal wie stolz, wie gebildet es ist, kann niemals die Familie in der Gesellschaft vertreten. Außerdem ist das Mädchen mit seiner Heirat für die eigene Familie verloren. Es geht weg, in die Familie des Mannes und muss dem Schwager, den Schwiegereltern, kurzum: der Familie ihres Mannes dienen. Mädchen gehen in das Eigentum des Schwiegervaters über. Jungen hingegen bleiben das Eigentum des Vaters.

Die Erziehung der Jungen läuft darauf hinaus, dass sie eines Tages die Position des Vaters übernehmen können. Ist der Vater alt oder stirbt, muss der erstgeborene Sohn ihn vertreten. Gibt es Probleme, entscheidet er – er ist das Oberhaupt der Familie. Das ist eine verantwortungsvolle Aufgabe. Er muss sich alles, was er sagt und tut, zehnmal überlegen.

Nachdem ich bereits ein paar Tage zu Hause war, besuchte mich meine Schwiegermutter. »Na, so schlecht bin ich gar nicht. Nun habe ich doch einen Sohn bekommen«, empfing ich sie stolz.

»Ach Gülnaz«, erwiderte sie beschämt, »es tut mir leid, was ich gesagt habe.«

Wenige Tage später wehte der Wind schon wieder aus einer anderen Richtung. Meine Schwiegermutter und die Schwestern meines Mannes meinten: »Wie schade, dass du nur einen Sohn hast.« Ein Sohn ist nicht genug. Wenn ihm etwas passiert, ist keiner da, der den Namen der Familie weiterträgt. Sie sahen mich also weiterhin in der Pflicht.

Die Taufe (*Bisk*) muss im Laufe des ersten Lebensjahres, im siebten, neunten oder elften Monat vollzogen werden. Nur Sheikhs dürfen taufen, Pirs nicht.

Wir ließen unseren Sabri im Alter von neun Monaten taufen.

Zu diesem Anlass luden wir meine und Schemils Geschwister mit ihren Familien ein, insgesamt etwa vierzig Leute.

Unser Sheikh, Hasso, nahm den Jungen auf den Arm. Zum Zeichen seiner Reinheit schnitt er ihm an drei verschiedenen Stellen kleine Büschel des Kopfhaares ab und sprach das Taufgebet: »Zu dir, Gott, Taus-î Melek, rufe ich, wir sind Jesiden...« Die Gäste standen um den Knaben herum und begleiteten das Gebet mit rhythmischem Klatschen.

Ein Junge, dessen Haar nicht geschnitten wurde, gilt als unrein. Sheikh Hasso sagt, dass auch Mädchen getauft werden können, aber nur in Lalisch, dem religiösen Zentrum der Jesiden im Nordirak. Dort werden sie mit dem heiligen Wasser gewaschen.

Im Anschluss an die Zeremonie gab es ein Festmahl. Beim Essen wurden Glückwünsche ausgesprochen und Neuigkeiten ausgetauscht. Schemil genoss die Aufmerksamkeit, die seinem Sohn zuteil wurde. Auch mich erfüllte mütterlicher Stolz.

Lieber fünf Hunde...

Um Schemil vom Kartenspiel wegzukriegen, bat ich meinen Schwager in Bielefeld, sich nach einer Stelle für ihn umzusehen. Er hatte einen Job bei Thyssen. Mein Schwager sprach mit Leuten in seiner Firma. Wenig später konnte Schemil am Band anfangen, zunächst nur befristet. Nun musste er jeden Tag nach Bielefeld fahren. Morgens um fünf stand er auf, abends um neun kam er nach Hause. Manchmal schlief er bei meiner Schwester Gülistan in Bielefeld. Ich ging weiter zur Nachtschicht bei Coppenrath & Wiese und kümmerte mich allein um die Kinder.

Nach einem Jahr war ich dermaßen entkräftet, dass ich sagte: »So geht es nicht weiter! Ich werde verrückt! Lieber Gott, gib mir die Kraft, diese Situation zu verändern, sage mir, *was ich ändern kann!*«

Ich rief meinen Schwager an und bat ihn, jedes Wochenende die Zeitung zu kaufen: »Ich brauche eine Wohnung in Bielefeld.«

Bis wir dort eine Wohnung fanden, verging ein Jahr. Egal, wo ich anrief und nachfragte, überall gab es Probleme wegen der Kinder. Eine Vermieterin sagte: »Mir sind fünf Hunde lieber als vier Kinder.«

Schließlich mietete ich eine kleine Zwei-Zimmer-Wohnung in Bielefeld. Es waren beengte Verhältnisse für zwei Erwachsene mit Kindern – inzwischen hatte ich vier. Und ich war wieder schwanger! Für deutsche Ohren klingt das verrückt – aber wir richteten uns in den zwei Zimmern wohnlich ein. Ich legte

Matratzen auf den Boden, so war für alle Platz zum Schlafen. Manchmal bekamen wir sogar Besuch, der bei uns übernachtete. Auch das ging.

Es musste gehen! Ich wollte weiterkommen: Während der Wohnungssuche hörte ich 1990 von Fördermitteln, einer »Eigenheimzulage«. Ein eigenes Haus? Davon wagte ich eigentlich nicht zu träumen. Dennoch sagte ich mir: Das musst du versuchen! Ich zog los, um mich schlau zu machen. Die Bedingung für die Auszahlung des staatlichen Zuschusses war Eigenkapital: dreißigtausend Mark! Das war unvorstellbar viel Geld. Wie sollten wir an solche Unsummen herankommen?

Ich bat meine Geschwister und Freunde, mir Geld zu leihen, auch wenn sie nur kleine Summen zur Verfügung hatten. Ob einhundert, ob fünftausend Mark. Ich musste es schaffen ...

Und ich schaffte es! Als die Summe zusammen war, schauten wir uns Grundstücke an. Zwischen mehreren Grundstücken, die bereits verkauft waren, fand sich eines, das noch zu haben war. Ohne lange zu überlegen, griff ich zu.

Im Amt, bei der Abteilung für die »Eigenheimzulage«, wurde mir empfohlen, einen Baubetreuer zu nehmen. Ich hatte keine Erfahrungen mit Banken und Baufirmen und wollte sichergehen, dass ich nichts falsch machte. Von der Baufirma erfuhr ich, dass man die Bausumme durch Eigenleistung beim Hausbau stark reduzieren kann. Wir packten auf der Baustelle tüchtig mit an. So konnten wir das geliehene Geld schnell zurückgeben.

Der Bau ging zügig vonstatten. Es dauerte gerade mal ein Jahr, bis das Haus fertig war. Ich war im Erziehungsurlaub und verbrachte mehr Zeit auf der Baustelle als zu Hause. Ich war von Euphorie getrieben: Das wird jetzt dein Haus, dachte ich. Es muss schnell fertig werden. Mein Mann half nach der Arbeit mit, er brauchte ja nun nicht mehr so weit zu fahren.

Zu besonderem Dank verpflichtet bin ich der Familie meiner

großen Schwester Gülistan. Ohne sie hätten wir es nie geschafft. Mein Schwager gab mir Geld, wenn wir knapp bei Kasse waren. Er schenkte mir seinen Ford Taunus, der fast viertausend Mark gekostet hatte. Ich konnte jederzeit meine Kinder zu ihnen bringen, ihre große Tochter passte auf die Kleinen auf, während ich auf dem Bau zu tun hatte. Auch auf der Baustelle packte mein Schwager mit an. Und er sorgte dafür, dass mein Mann bei Thyssen eine Festanstellung bekam.

Auch Isar, ein Neffe meines Mannes, half oft mit. Wenn ich ihn brauchte, war er für mich da. Er war mir wie ein großer Sohn. Niemand ahnte damals, welches Schicksal ihm bevorstand ...

Neid und Missgunst

Im Juli 1992 zogen wir in das neue Haus ein. Nun pendelte ich zwischen Bielefeld und meiner Arbeit in Osnabrück. Es war sehr anstrengend.

Plötzlich wurde Schemil krank. Ich befürchtete, er würde seine Arbeit verlieren und wir wären außerstande, das Haus abzuzahlen. Doch auch ich hielt die Belastung nicht aus: der weite Weg, die Kinder ... Ich kündigte meinen Job und versuchte, meinen Mann so weit wie möglich zu stabilisieren. Ich betete: »Lieber Gott, verleihe mir die Kraft, das durchzustehen!«

Ich kümmerte mich um die Kinder und den Haushalt. Wenn mein Mann nach Hause kam, kochte ich und sorgte dafür, dass er sich ausruhen konnte. Lange hielt ich es zu Hause nicht aus. Eine Freundin brachte mich auf die Idee, ins Immobiliengeschäft einzusteigen. Sie hatte selbst gerade damit angefangen. Ich war unsicher. Doch sie machte mir Mut: »Komm, hilf mir. Du hast doch schon viel mehr Ahnung als ich!«

Und so zogen wir los. Jedes Wochenende schauten wir Immobilien an, verhandelten, sammelten Erfahrungen. Ich hatte ja selbst lange eine Wohnung gesucht. Und durch all die Dinge, die im Zusammenhang mit dem Hausbau zu erledigen waren, kannte ich mich inzwischen ganz gut aus in dem Geschäft. Ich wusste, was Grundstücke kosteten und was ein Haus wert war.

Wir beschlossen, ein Haus zu kaufen. Ich rechnete alles durch: Welche Kosten würden auf uns zukommen, wie viel Miete käme herein, wie tilgte ich den Kredit bei der Bank?

Der Besitzer des Hauses wollte mehr als eine halbe Million Mark haben. Wir handelten, bis wir es auf 450.000 Mark gebracht hatten. Das war schon mal gut. Aber wir benötigten Eigenkapital. Ich brauchte um die fünfzigtausend Mark, mehr als damals für den Hausbau nötig war. Ich hoffte, mein Mann würde mir helfen und seine Verwandten um Geld bitten. Wir schauten uns alle Wohnungen im Haus an. »Das Haus ist gut«, redete ich ihm zu, »es trägt sich selbst. Wenn wir alle Wohnungen vermieten, bleibt sogar noch eine Menge Geld für uns übrig.«

Doch er wollte nichts davon wissen: »Was soll das? Wie stellst du dir das vor? Wo willst du das Geld herkriegen? Lass das sein!«

Ich sah ein, dass er nicht der Richtige für solche Dinge war. »Lass das meine Sorge sein. Ich mache das schon«, sagte ich. »Ich will von dir keinen Pfennig haben.«

Wieder bat ich die ganze Verwandtschaft und Freunde, mir Geld zu leihen. Innerhalb von einem Monat hatte ich die fünfzigtausend Mark zusammen. Das war mein Anteil, um das Haus zu kaufen. Meine Freundin brachte die gleiche Summe auf. Ich sprach mit dem Chef der Bank, den ich bereits von unserem Hausbau kannte, und erklärte ihm, wie ich mir die Finanzierung vorstellte.

»Okay, kein Problem, so machen wir es«, sagte er.

Die Finanzierung war geklärt. Wir kauften das Haus und konnten die Wohnungen vermieten.

Zwei, drei Jahre liefen die Immobiliengeschäfte richtig gut. Hätte ich einen Menschen an meiner Seite gehabt, der mir Kraft gegeben hätte, wäre es sicher etwas Dauerhaftes geworden. Vielleicht wäre ich heute Immobilienmaklerin, wer weiß? Schließlich hat es mir viel Spaß gemacht, obwohl nicht immer alles glattging und es mitunter Schwierigkeiten gab. Aber ich hatte eine Menge Glück. Und ich war risikofreudig! Ein paar der Immobilien besitze ich noch.

Die Immobiliengeschäfte nahmen viel Zeit in Anspruch. Ich musste mich um die Wohnungen kümmern und alle Angelegenheiten mit den Mietern klären. Ich hatte immerhin dreiundzwanzig Wohnungen zu verwalten und ein Restaurant dazu. Fast jede Woche fuhr ich nach Osnabrück, um mit den Mietern zu reden. Sie kamen aus den unterschiedlichsten Kulturen – es waren Deutsche, Türken, Kurden, Italiener, Araber, Griechen, Afrikaner. Darauf war ich wirklich stolz!

Von den Einnahmen konnten wir gut leben. Endlich war ich die Geldsorgen los. Ich konnte sogar Urlaubsreisen für die Familie finanzieren. Nach Paris, ins Disneyland fuhr ich mit meinen Kindern. Dreimal verreiste ich mit meinem Mann allein – nach Mallorca, nach Teneriffa und nach Griechenland. Ich reise gern, ich möchte andere Kulturen kennenlernen. Die Geschichte anderer Länder interessiert mich sehr.

In der jesidischen Gemeinde und in der Familie fragten sie sich: »Wie macht die das nur? Die hat ein Haus, fünf Kinder, reist in der Weltgeschichte umher...« Zu meinem Mann sagten sie: »Warum schuftest du so viel? Warum lebst du nicht von Sozialhilfe wie wir auch? Du machst alles, was deine Frau sagt. Und du hast nichts zu sagen.«

Neid und Missgunst wurden größer.

Die syrische Braut

Schemil schlug vor, gemeinsam mit mir in seine Heimat zu fahren und seine Verwandten zu besuchen. Ich hatte ein mulmiges Gefühl, doch ich willigte ein.

Wir flogen nach Damaskus. Seine Verwandten holten uns mit einem Kleinbus vom Flugplatz ab. Sein Heimatdorf liegt weit oben im Gebirge, direkt an der Grenze zur Türkei. Wir wohnten bei seinem Vetter. Die Familie war sehr arm, die Männer gingen im Sommer arbeiten und kauften von dem Geld das Allernötigste, um den Winter zu überleben. Wenn jemand aus Deutschland zu Besuch kam, versammelten sich alle Bekannten und Verwandten aus dem Dorf und den umliegenden Orten, um den Gast zu sehen. Auch in der Hoffnung auf eine kleine Gabe.

Als wir ankamen, war das Haus bereits voller Menschen. Während ich bei der Bewirtung der Gäste half, die im Wohnzimmer saßen, hörte ich, wie eine Cousine meinen Mann fragte: »Willst du mit mir zu einer Hochzeit kommen?«

Vor allen Gästen sagte er: »Ich komme mit.« Er stand auf und fuhr mit der Cousine und ihrem Mann fort. Ohne ein Wort der Erklärung.

Die Gäste waren erstaunt und schauten in die Runde. Schließlich waren sie wegen uns von weit her gekommen. Ich fand es unverschämt: Er machte sich einfach aus dem Staub und ließ mich mit den Gästen allein. Ich war ihnen eine Erklärung schuldig. Um seine Ehre zu retten, sagte ich: »Er ist auf die Hochzeit eingeladen. Er muss dorthin.«

Die Situation war mir ungeheuer peinlich. Lieber wäre ich tot gewesen. Immer neue Gäste kamen, die nach ihm fragten und denen ich die gleiche unangenehme Erklärung geben musste.

Schemil kehrte erst am nächsten Morgen zurück. Wütend stürzte ich ihm entgegen. »Wo warst du? Was hast du gemacht? Schämst du dich nicht? Bist du kein Mann, dass du die Leute hier einfach sitzen lässt?«

»Ach, frag mich nicht! Irgendwo auf der Fahrt hatten wir einen Platten. Die Reparatur dauerte die ganze Nacht. Als wir fertig waren und ankamen, war das Fest schon zu Ende.«

Ich glaubte ihm nicht, wir stritten uns heftig.

Am Tag darauf verlangte mein Mann: »Gib mir mein Hemd, meine Cousine wird es waschen!«

Verwundert fragte ich: »Warum?«

»Sie wäscht jetzt für mich, ich brauche dich nicht mehr dafür.«

Ich nahm das Hemd und warf es aus dem Fenster. »Dann soll sie waschen!«, schrie ich ihn an und dachte: Nur weg hier!

Doch ich musste noch ein paar Tage aushalten, bis unser Rückflug ging.

Wieder in Deutschland kam ich hinter den eigentlichen Grund unserer Syrienreise und fand eine Erklärung für das merkwürdige Verhalten meines Mannes. Hinter meinem Rücken hatte er sich in Syrien eine zweite Frau gesucht. Das ist jesidischen Männern erlaubt. Er war also nicht auf dem Weg zu einer Hochzeit gewesen, sondern seine Cousine hatte mit ihm das Mädchen besucht. Sein Cousin, so hörte ich über verschiedene Ecken – was daran wahr ist, weiß ich nicht –, hatte ihm seine Tochter angeboten, ein Mädchen von dreizehn oder vierzehn Jahren. Er sollte sie nach Deutschland holen, um sie der Armut zu entreißen. Wenn ein Kind nach Deutschland geht, profitiert die ganze

Familie davon. Es schickt Kleidung, Geld, Schmuck, elektrische Geräte. Für eine arme Familie ist es also von großem Nutzen, wenn sie ein Kind nach Deutschland verheiraten kann. Außerdem verlangt der Brautvater von einem in Deutschland lebenden Jesiden sehr viel mehr Brautgeld, als er von einem in Syrien lebenden Bräutigam je verlangen könnte. Die syrischen Familien sind sehr arm, sie können höchstens dreitausend syrische Pfund geben, das sind noch nicht einmal fünfzig Euro.

Mein Mann gestand mir: »Ich fühle mich hier in Deutschland nicht wohl. Hier haben die Frauen mehr zu sagen als die Männer, hier gibt es keine Männlichkeit. Ich will zurück nach Syrien.«

Wieder bekamen wir uns heftig in die Haare. Nach einer dieser Auseinandersetzungen schlug er vor: »Gib mir hundertfünfzigtausend Mark! Dann werde ich unterschreiben, dass ich nichts mehr von dir will. Ich werde für immer aus deinem Leben verschwinden und dich und deine Kinder in Ruhe lassen. Nur gib mir das Geld.«

Dies war also der ausgehandelte Preis für die Braut. Er meinte es ernst, er wollte sich trennen. Ich sollte mich freikaufen!

Ich machte ihm klar, dass ich so viel Geld nicht hatte. Da sagte er: »Du hast das Haus. Wenn du es verkaufst, kannst du mir das Geld geben.«

Nun konnte ich es meinen Eltern nicht länger verschweigen. Ich war gezwungen, meinem Vater zu sagen, welche Probleme es mit meinem Mann gab. Ich rief ihn an, erzählte ihm alles und fragte: »Was soll ich machen?«

»Du kannst ihn sowieso nicht aufhalten. Tu, was er sagt!«

Für meinen Vater war es in Ordnung, dass sich Schemil von mir trennen wollte. Bei den Jesiden dürfen die Männer das. Die Frauen nicht. Die Trennung schien unausweichlich.

Ich ging zu einem Notar und ließ eine Vereinbarung aufsetzen, um die Trennung zu regeln. Als alles fertig war, bestellte ich meinen Mann zum Notar, um mit ihm gemeinsam zu unterschreiben. Er kam nicht.

Ich bin auch noch da!

Was aus der syrischen Braut wurde, erfuhr ich nicht. Schemil schickte ständig Geld nach Syrien. Sein Cousin erhielt neunzehntausend Mark, damit seine Familie nach Deutschland kommen konnte. Andere Familienmitglieder lebten als Asylbewerber in Deutschland, sie erhielten Unterstützung vom Sozialamt. Das hielt sie nicht davon ab, sich Autos oder Telefone zu kaufen. Damit die Verkäufer sich auf Ratenzahlungen einließen, nannten die Verwandten den Namen meines Mannes und ließen die Verträge auf ihn schreiben. Sein Bruder und sein Cousin gaben unsere Häuser in Osnabrück, ohne mich zu fragen, als ihre Adresse an.

Oft ließ Schemil bei uns alles stehen und liegen, um seinen Verwandten zu helfen. Ich fühlte mich vernachlässigt und beschwerte mich bei ihm: »Ich bin auch noch da!«

Das war ihm egal. Schemil spielte sich als Wohltäter auf. In seiner Familie spielten die Frauen die Rolle, die er sich von mir wünschte. Er ließ sich von seiner Familie ausnutzen und wollte nicht verstehen, dass ich damit nicht einverstanden war. Stets erwiderte er: »Das sind doch meine Verwandten...«

Doch uns halfen sie kaum. Bei den Jesiden muss man normalerweise nicht fragen: »Hilfst du mir?« Man kommt von sich aus und fragt: »Was kann ich für dich tun?«

Aber bei ihnen war das Gegenteil der Fall: Sie wiegelten Schemil gegen mich auf: »Du bist doch kein Mann! Deine Frau hat die Hosen an – das gehört sich nicht für eine jesidische Frau!«

Wir stritten uns häufig um die Erziehung unserer ältesten Tochter Evelyn. Mein Mann war strikt dagegen, dass sie zur Schule geht. Er meinte: »Sie wird heiraten und Kinder kriegen.« Mit dieser Begründung hatte mir auch mein Vater verboten, zur Schule zu gehen. Doch ich wollte nicht, dass es meinen Kindern wie mir erginge. Schemils Ansichten konnte ich nicht akzeptieren. Ich widersprach ihm.

Eines Tages sollte Schemil fünftausend Mark von der Bank abheben – wir brauchten das Geld, um irgendetwas zu bezahlen. Als er nach Hause kam, sortierte ich gerade die Wäsche in den Schlafzimmerschrank. Ich war hochschwanger. Er sagte: »Ich habe mein Portemonnaie verloren. Das Geld ist weg.«

Es war nicht das erste Mal, dass er behauptete, Geld verlegt oder verloren zu haben. Ich glaubte ihm nicht und warf ihm vor: »Du lügst!«

Da wurde er handgreiflich. Ich schubste ihn zurück, hatte jedoch nicht genug Kraft, ihn von mir wegzukriegen. Jetzt verlor er vollends die Gewalt über sich. Er warf mich aufs Bett und würgte mich. Ich glaubte zu ersticken. Plötzlich kam meine kleine Tochter herein. Sie schrie, als sie sah, was mir geschah.

Da klingelte es. Meine Tochter lief die Treppe hinunter und öffnete die Tür. Meine kurdische Freundin Semiha und ihr Mann standen davor, sie gingen in die Stube. Schemil lief hinunter. Meine Freundin kam zu mir ins Schlafzimmer herauf und sah mich zitternd und verheult auf dem Bett sitzen. Mein Hals war stark gerötet und geschwollen – die Fingerabdrücke sah man noch vierzehn Tage später. Sie nahm mich in den Arm, um mich zu trösten. Dann ging sie nach unten und schrie meinen Mann an: »Warum tust du das? Hast du keine Angst vor Gott, eine schwangere Frau zu schlagen?!«

Er senkte den Kopf und schwieg. Nach zwei oder drei Tagen sagte er. »Ich habe mein Portemonnaie wiedergefunden.«

Ich redete drei Monate kein Wort mit ihm. Nur wenn Besuch da war, sprach ich in seiner Gegenwart.

Serhijk

1997 wurde mein sechstes Kind geboren, Wedat, mein jüngster Sohn.

Als ich kurz darauf durch Zufall erfuhr, dass es in Bielefeld eine Fahrlehrer-Akademie gibt, tanzte ich vor Freude – das war die Chance meines Lebens. Ich überlegte hin und her: Mit meinen größeren Kindern würde es gehen, sie gingen ja zur Schule. Aber wohin mit Wedat?

Schemil war permanent krankgeschrieben. Für den Fall, dass er sich weigern sollte, auf Wedat aufzupassen, oder eines Tages wieder arbeiten gehen würde, sprach ich mit einer muslimischen Freundin von mir. Ich fragte, ob sie den Kleinen nehmen würde, damit ich ihn nicht zu meinen Eltern geben müsste. Sie sagte: »Ja, ich unterstütze dich!«

Als das geklärt war, sprach ich mit meinem Mann: »Ich will auf die Akademie.«

Er lachte: »Das schaffst du nie! Was willst du mit deinen Kindern machen?«

So kam ich auf das Angebot meiner Freundin zurück. Sie kümmerte sich rührend um Wedat und die anderen Kinder. Es war wie in einer großen Familie.

Die Ausbildung an der Akademie sollte acht Monate dauern. Ich erklärte dem Leiter der Akademie meine wirtschaftliche Lage und fragte, ob ich die Lehrgangskosten in Raten bezahlen könne. Er stimmte zu und ich meldete mich sofort an. Im Januar 1999 ging es los.

Morgens um acht begann der Unterricht. Um zwölf war für anderthalb Stunden Mittagspause. Zum Glück war die Akademie nicht allzu weit von meinem Haus entfernt. So war ich kurz nach zwölf daheim und kochte in Windeseile das Mittagessen. Wenn die Kinder aus der Schule kamen, war das Essen fertig und ich musste zurück zur Akademie. Schemil war selten zu Hause.

Sechs Monate besuchte ich die theoretische Ausbildung. Wenn ich etwas nicht verstand, half mir eine deutsche Frau. Wir übten oft zusammen. Sie wurde meine Freundin. Ohne sie hätte ich die schriftliche Prüfung nicht geschafft. Ich bestand mit Bravour und absolvierte die Praxis.

Meine Geschwister und die Kinder unterstützten mich. Meine Kinder sagten: »Mama, du schaffst das. Gib nicht auf! Lass dich von unserem Vater nicht beeindrucken.« Das gab mir Kraft.

Als ich die Ausbildung erfolgreich abgeschlossen hatte, gab ich in unserem Haus ein riesiges Fest. Verwandte, Freunde, Bekannte kamen. Auch Deutsche hatte ich eingeladen.

Nun hätte ich erst einmal zwei Jahre als Fahrlehrerin arbeiten müssen. Doch ich war dickköpfig – *Serhijk,* wie wir kurdisch sagen. So lange wollte ich nicht warten, sondern gleich eine Fahrschule gründen.

Ich kannte einen Fahrschulbesitzer, der in Scheidung lebte. Er musste sich um seine Kinder kümmern und konnte das nur schlecht mit den Fahrstunden vereinbaren. Ich fragte ihn, ob ich die Schule in Herford unter seinem Namen führen könne. Er willigte ein. Auf der Stelle ging ich zum Straßenverkehrsamt und erklärte dort meinen Plan: Dass ich zwar als Angestellte arbeiten, aber praktisch die Fahrschule führen würde. Sie akzeptierten.

Und so fing ich an.

Die Beschneidung

Meine muslimische Freundin fragte uns, ob wir die Paten ihres jüngsten Sohnes werden wollen. Genauer gesagt, mein Mann sollte Pate werden – denn Frauen dürfen nicht Pate sein, ebenso wenig wie Mädchen einen Paten bekommen können. Mein Mann und ich waren einverstanden: »Ja, wir werden die Patenschaft übernehmen.«

Der Schwager meiner muslimischen Freundin war das Oberhaupt ihrer Familie. Als Patriarch genoss er großen Respekt in der Familie. Er ließ sich nicht wie normale Menschen mit »Herr« ansprechen, sondern mit »Hoheit«, wie ein König.

Ich hatte die Idee: »Wenn Schemil Pate deines Sohnes wird, dann soll dein Schwager Pate unseres jüngsten Sohnes werden.« Jesiden dürfen keine Jesiden zum Paten haben, es müssen entweder Muslime oder Christen sein.

Der Schwager meiner Freundin fühlte sich sehr geehrt: »Ich bin stolz, Wedats Pate werden zu dürfen.« Er selbst war kinderlos.

Männliche Jesiden werden in ihrer Kindheit, spätestens aber kurz vor ihrer Ehe einer Beschneidung (*Sunet*) unterzogen. Normalerweise wird die rituelle Beschneidung von einem Beschneidungsdoktor zu Hause vorgenommen. Doch dieses Risiko wollte ich nicht eingehen. Deshalb ging ich ins Krankenhaus und sprach mit unserem Kinderarzt – er war Afrikaner. Den Ärzten, die aus muslimischen Ländern kommen, ist ja die Beschneidung nicht fremd. Er erklärte sich einverstanden, das im Krankenhaus zu machen: »Je früher, desto besser für das Kind.«

Zum verabredeten Termin fuhr die gesamte Familie mit Wedat und seinem Paten ins Krankenhaus: Der Pate und ich durften Wedat in den OP-Saal begleiten. Als er unter der Narkose eingeschlafen war, mussten wir den OP verlassen und mit den anderen Familienmitgliedern draußen warten. Die Operation verlief gut. Wedat blieb einige Tage im Krankenhaus. Ich besuchte ihn jeden Tag.

Nun suchten wir einen Saal für die Beschneidungsfeier. Auch mit dem Kauf der Geschenke hatten wir alle Hände voll zu tun. Wedats Pate erklärte uns, wen er zu beschenken gedachte. Daraufhin bestellte er für mich, meinen Mann, meine Kinder, meinen Vater, meine Geschwister, meine Mutter, meine Schwägerinnen, also die Frauen meiner Brüder, und für die Geschwister meines Mannes und dessen Mutter hochwertigen Goldschmuck beim Juwelier. Ich wollte ihm nicht nachstehen. Er bekam eine Schweizer Uhr, seine Frau eine zwei Meter lange Kette aus Gold, die eine Schwägerin ein hochkarätiges Collier, die andere ein Goldarmband. Seiner Schwester schenkte ich Armreifen, den Brüdern hochkarätige Fingerringe.

Zur Beschneidungsfeier kamen über dreihundert Gäste aus allen Teilen Deutschlands. Wie auf einer Hochzeit wurde gesungen, getanzt und gegessen.

Die Überreichung der Geschenke stellte den Höhepunkt der Feier dar. Ein Mann rief die Familien des Kindes und des Paten auf die Bühne. Der Pate nahm den Jungen auf den Arm. Er war der Prinz der Beschneidungsfeier. Nacheinander legten erst die Familienmitglieder, dann die Gäste ihre Geschenke auf den Tisch. Der Mann mit dem Mikro gab der Gesellschaft bekannt, wer was bekommt: »Eine Videokamera vom Paten für den Jungen...«

Neben Gold und Schmuck von dem Paten erhielten wir Geld von den anderen Gästen. Mit den Einnahmen in Höhe von

26.000 Mark beglichen wir alle Ausgaben – Saal, Essen, Trinken, Musik und Sänger.

Zehntausend Mark blieben übrig. Bereits vor der Feier hatte ich mir Gedanken darüber gemacht, was wir mit überschüssigem Geld machen würden. Jetzt setzte ich meinen Plan in die Tat um: »Ich spende das Geld bedürftigen Familien in Kurdistan, damit sie ihre Kinder zur Schule schicken können.«

Wedats Pate war von der Idee begeistert. Auch ihm war es wichtig, armen Menschen zu helfen. Hilfsbedürftigen versagte er niemals seine Unterstützung. Gemeinsam suchten wir drei Leute aus, die in der jesidischen Gemeinschaft sehr respektiert werden. Denn natürlich ist es wichtig, dass man Menschen mit dem Transport beauftragt, bei denen man sich darauf verlassen kann, dass sie das Geld nicht unterschlagen. Die Spende wurde durchs Mikrofon bekannt gegeben. Die Namen der drei Männer nicht – aus Sicherheitsgründen. Sie nahmen das Geld gleich an dem Abend mit.

Sie gingen gemeinsam in die Dörfer, um bedürftige Familien ausfindig zu machen, die das Geld dringend brauchten: etwa Familien mit vielen Kindern, in denen Vater oder Mutter gestorben war. Jeder im Dorf gab etwas ab, damit die Familie durchkam. Einer gab etwas Salz, einer Brot ... Das sprach sich in der Gesellschaft herum und die drei konnten bestimmen, wer das Geld bekam.

Nach einigen Wochen meldeten sich die Spendenempfänger bei uns und bedankten sich per Telefon, Video oder Brief. Sie schickten Bilder von der Familie oder ein symbolisches Geschenk. Das ist etwas Wunderschönes. Du freust dich aus vollem Herzen, dass du jemandem geholfen hast, helfen konntest.

Daraus entsteht eine Freundschaft fürs Leben. Die Familie gibt diese Freundschaft an ihre Kinder und Kindeskinder weiter. Dann heißt es auf ewig: Diese Familie hat uns damals geholfen.

Der Auftrag

Ende 2000 ließ ich die Fahrschule in Herford auf meinen Namen überschreiben. Nun war ich auch offiziell meine eigene Herrin.

Meine ersten Fahrschüler waren zwei Frauen aus Kurdistan. Sie konnten weder lesen noch schreiben. Doch sie verstanden gut Deutsch. Ich las ihnen im Unterricht die Fragen vor und erklärte ihnen, was im Lehrbuch stand. Zu Hause übten sie mit ihren Kindern, die Deutsch lesen konnten. Als ich feststellte, dass sie bereit waren, meldete ich sie zur Prüfung an. Ich beantragte die mündliche Prüfung. Sie bestanden.

Schnell sprach sich unter den Kurden herum, dass ich eine gute Ausbildung biete, und so kamen mehr und mehr Schüler. Nach einem Jahr war ich komplett ausgebucht. Ich hatte etwa zwanzig kurdische Schüler und Schülerinnen. Sie kamen sogar aus Bremen, Dortmund und Köln. Ich konnte niemanden mehr aufnehmen. Meine Kapazitäten waren erschöpft.

Ich beschloss, eine Zweigstelle in Bielefeld zu eröffnen. Es war eine kleine Sensation: Eine kurdische Fahrlehrerin, die auf Wunsch kurdisch unterrichtet und zudem ihre eigene Fahrschule leitet, hatte es bis dato nicht gegeben. Für Jesiden ist es außergewöhnlich, dass eine Frau ein Geschäft führt.

Die kurdische Zeitung Özgür Politika kam zu mir und schrieb einen großen Beitrag über mich. Dann kam das kurdische Fernsehen. Ich wurde als die »Geschäftsfrau Gülnaz Beyaz« berühmt.

Den Journalisten erklärte ich: »Das ist zwar kein leichter Beruf, aber kurdische Frauen sind nicht dumm – sie können etwas schaffen, wenn sie es nur wollen.«

Meine Fahrschüler waren aber nicht nur Kurden. Auch Deutsche, Türken, Jugoslawen, Albaner und Pakistanis kamen – die Fahrschule wurde international. Weil der Andrang so groß war, stellte ich einen Fahrlehrer ein.

Den theoretischen Unterricht erteilte ich selbst. Montags und mittwochs unterrichtete ich in Bielefeld, am Dienstag und Donnerstag in Herford, später freitags in Vlotho, wo ich meine dritte Fahrschule eröffnete.

Die Ausbildung der Frauen lag mir besonders am Herzen. Vielleicht wegen meiner eigenen Erfahrungen. Es gab ein Erlebnis, dass mich darin bestärkte: Ich fuhr mit Schemil im Auto durch Bielefeld. Er saß am Steuer. Da entdeckte ich eine mir bekannte Kurdin, die schwere Einkaufstüten schleppte. Sie trug ein Kopftuch und ein langes Kleid. Mir fiel auf, wie die zierliche Frau unter der Last zitterte, wie kaputt sie war, wie schwer sie atmete.

Ungefähr fünfzig Meter vor ihr schlenderte ihr Mann und schaute sich gemütlich in der Welt um. Seine Finger spielten mit einem *Tizbih*, einer Kette aus schwarzen Steinen, die er um sein Handgelenk geschlungen hatte.

Ich forderte Schemil auf: »Halt an! Wir nehmen die Frau mit.«

»Bist du verrückt!«, schimpfte er. »Was geht dich das an?«

»Halt bitte an!«

Ich gab der Frau Zeichen, sich in unser Auto zu setzen – am besten so, dass ihr Mann nichts merkte.

Schemil wurde nervös: »Es wird gleich Ärger geben.«

Ich gab nicht nach. Wir gerieten in Streit. Schemil schrie mich an. Da drehte sich der Mann um, sah, was wir vorhatten und kam zu uns.

Ich fragte ihn: »Schämst du dich nicht, dass deine Frau die Tüten allein tragen muss, während du vornwegläufst? Warum hilfst du ihr nicht?«

Er lachte arrogant. Die Frau erstarrte. Sie war erschöpft, krank, mutlos. Ich flippte beinahe aus. Aber was konnte ich tun? Ich hatte keine Chance. Die Frau musste ihrem Mann gehorchen, sich seinem Wort fügen. Das brach mir das Herz.

Diese Begebenheit wurde zu einem Schlüsselerlebnis für mich. Ich beschloss: »Ich muss etwas für die Frauen aus meiner Kultur tun!«

Ich wollte meinen Schülerinnen mehr als nur das Fahren beibringen.

Trügerische Hoffnung

Zwischen Schemil und mir war es schon lange nicht mehr harmonisch zugegangen, aber nun begann für unsere Ehe eine schwierige Zeit. Vielleicht hatte Schemil Angst, dass er die Kontrolle über mich verlöre. Jedenfalls kam er ständig zur Fahrschule, sowohl nach Herford als auch nach Bielefeld.

Anfangs stellte er sich draußen vor das Fenster und beobachtete, was im Schulungsraum passierte. Das war mir vor meinen Schülern peinlich. Dann setzte er sich in den Unterricht. Wenn er nur dagesessen hätte und ruhig gewesen wäre... Doch er störte, machte laute Bemerkungen, fiel den Schülern ins Wort, kommentierte ihre Antworten. Ja, es kam sogar vor, dass er sich über Schüler lustig machte.

Als es mir einmal zuviel wurde, bot ich ihm den Zeigestock an und fragte gelassen: »Bist du der Fahrlehrer oder ich?«

Er stand auf und ging in den Nebenraum.

Ich unterrichtete jeden Tag – bis zum Abend. Der theoretische Unterricht und die Fahrstunden nahmen meine ganze Zeit in Anspruch. Daneben wollte der Bürokram erledigt sein.

Eines Tages überraschte mich Schemil mit der Frage, ob er mir helfen könne. Obwohl mir nicht ganz wohl dabei war, übertrug ich ihm ein paar Aufgaben. Ich dachte: Vielleicht vermindert es seine Eifersucht und seinen Neid, wenn er versteht, was ich tue.

Er brachte die Papiere der Fahrschüler zum Straßenverkehrsamt, um die Schüler zur Prüfung anzumelden. Dazu muss deren Pass vorgelegt werden. Also nahm mein Mann die Papiere und den Pass, um die Anmeldungen zu erledigen. Wenn ich die Schüler nicht selbst zur Theorieprüfung beim TÜV begleiten konnte, übernahm er auch das ab und zu.

Eines Tages, während ich gerade im Auto saß, erhielt ich einen Anruf vom Straßenverkehrsamt. Der Amtsleiter persönlich war am Telefon:»Bitte kommen Sie her. Ich muss sofort mit Ihnen sprechen!«

Mit meinem Bruder fuhr ich geradewegs zum Amtsleiter. Er fragte mich:»Wer ist eigentlich der Fahrlehrer – Sie oder Ihr Mann?«

Mein Mann hatte sich, als er wieder einmal die Anmeldungen der Schüler zum Amt gebracht hatte, als Fahrlehrer ausgegeben. Vielleicht – ich kann es nur vermuten – hatte er etwas warten müssen und war ungeduldig geworden. Jedenfalls hatte er die Beamten angeschrien. Ich beschrieb dem Amtsleiter meine Lage. Er verstand mich und ich versprach, dass so etwas nicht wieder vorkommen wird.

Nach einiger Zeit erkundigte sich ein Schüler nach seinem Pass. Ich fragte meinen Mann. Er sagte:»Ich weiß nicht, wo ich ihn hingelegt habe.«

Der Schüler fragte immer wieder, doch mein Mann fand ihn nicht. Er meinte:»Ich habe ihn irgendwo hingelegt, damit er nicht verloren geht. Wer weiß, wohin?«

Der Pass *konnte* nicht verloren gegangen sein. Ich hatte einen Aktenkoffer für alle Unterlagen. Sämtliche Papiere wurden damit transportiert. Hätte er den Pass verloren, wäre auch die Anmelde-Quittung verschwunden gewesen. Doch die lag im Aktenkoffer. Deshalb wusste ich, dass mein Mann den Fahrschüler tatsächlich angemeldet hatte.

Der Pass blieb verschwunden. Was sollte ich nur tun?

IV
Die Katastrophe

Das Gespenst der Stammesfehde

Schemils Bruder und sein Cousin planten eine Verkupplung: Der Bruder wollte seine Tochter dem Sohn des Cousins zur Frau geben, die Tochter des Cousins sollte den Sohn des Bruders heiraten. Die Familie wollte die Heirat erzwingen. Wenn die beiden Ehen nicht zustande kämen, meinten sie, würde ihre Ehre beschmutzt. Sie setzten alles daran, ihre Pläne zu verwirklichen. So beschlossen sie die Verlobung, ohne meinem Mann und mir etwas davon zu sagen. Normalerweise hält man bei solchen Entscheidungen Familienrat unter Brüdern. Doch wir wurden vor vollendete Tatsachen gestellt: Überraschend erhielten wir die Einladung zum Verlobungstag der vier Kinder.

Ich hatte guten Kontakt zu den Kindern und wusste, dass sie die Verbindung nicht wollten. Sie waren oft mit ihren Problemen zu mir gekommen. Der Sohn meines Schwagers gestand mir: »Ich kann dieses Mädchen nicht heiraten.«

Auch seine Schwester klagte mir ihr Leid. Die Familie hatte das Mädchen unter Druck gesetzt. Mein Schwager und der Cousin waren zu ihrer Arbeitsstelle gegangen und hatten zu ihrem Chef gesagt: »Sie darf nicht mehr arbeiten!« Ohne Zustimmung des Mädchens meldete die Familie den Wagen der Tochter ab. Sie wollten sie mit allen Mitteln erpressen, damit sie sich in die Heiratspläne fügte.

Drei Monate lang waren wir mit dieser Angelegenheit beschäftigt, Tag und Nacht. Immer wieder tauchten die Verwandten meines Mannes bei uns auf.

Ich ertrug das nicht. Was sollte das? Warum sollten die Kinder heiraten, wenn sie es nicht wollten? Sind sie ein paar Monate verheiratet, trennt sich der Mann. Was bringt das?

Als ich Schemil zur Rechenschaft ziehen wollte, winkte der nur ab. Ich fragte ihn: »Warum unterstützt du das?«

»Ich werde mich nicht in die Angelegenheiten meines Bruders einmischen«, schrie er mich an. »Und auch du wirst das nicht tun!«

Eines Tages stand die Tochter meines Schwagers vor mir. Sie zitterte am ganzen Leib. »Was ist geschehen?«, wollte ich wissen.

Sie schluchzte nur.

Wie sich herausstellte, hatte Schemil sie mit der Pistole bedroht. »Wenn du meinen Neffen nicht heiratest, werde ich dich umbringen!«

Irgendwann sah die Familie des Cousins ein, dass die Ehe nicht zu erzwingen war. Sie kamen zu mir und wollten den Brautschmuck zurückgeben. Wenn jemand den Brautschmuck zurückgibt, bedeutet das, die Verbindung ist aufgelöst.

Ich fragte: »Warum kommt ihr zu mir? Was soll ich damit?«

»Du hast es doch so weit gebracht, dass die Kinder nicht heiraten wollen«, sagte die Frau des Cousins.

Ich nahm den Schmuck nicht an. Hinter meinem Rücken fragten sie meine Tochter, ob sie das Gold nähme. Auch Evelyn weigerte sich.

Indessen schmiedeten der Cousin meines Mannes und dessen Frau neue Heiratspläne. Sie fanden einen anderen Mann für ihre Tochter, ebenfalls einen Verwandten.

»Jetzt ist eure Braut einem anderen versprochen«, verhöhnten sie Schemil und seinen Bruder.

Das kränkte sie. Sie fühlten ihre Ehre verletzt.

Schemils Brüder und seine anderen Cousins kamen zu uns,

um Familienrat zu halten. Sie konnten es nicht verkraften, dass ihre Heiratspläne so schmählich durchkreuzt worden waren.

»Wir müssen den neuen Bräutigam, seinen Vater und seinen Onkel umbringen!«

Die Brüder hatten Waffen bei sich. Eine Waffe war für Schemil gedacht. Vor mir hielten sie die Pistolen verborgen. Doch vor Evelyn hatten sie keine Angst und so bekam meine Tochter alles mit. Sie besprachen, wer welchen Mord ausführen sollte. Und das in meinem Haus!

Als ich begriff, was sie planten, mischte ich mich ein. Ich warf der versammelten Verwandtschaft meines Mannes vor: »Ihr macht unsere Familie kaputt! Ihr macht andere Familien kaputt!«

Sie kümmerten sich nicht um mich. Als sie aufbrechen wollten, sagte ich zu Schemil: »Bleib hier! Lass die Finger davon!«

Doch er ließ sich nicht abhalten. Nur er wusste, wo der Onkel des Bräutigams wohnte.

Da sah ich keine andere Möglichkeit: »Ich hole die Polizei!«

Es ist eine Schande für eine jesidische Frau, so eine Drohung auszusprechen. Aber in diesem Moment war mir das egal. Es ging um Menschenleben. »Wenn ihr dorthin fahrt, werde ich der Polizei alles sagen«, kündigte ich an.

Sie lachten mich aus. Und sie machten sich über Schemil lustig: »Du bist kein Mann, du hast bei deiner Frau nichts zu sagen!«

Ich riss die Tür auf: »Verschwindet!«

Sie reagierten nicht.

Ich packte einen der Cousins beim Kragen: »Raus«, schrie ich, »und lass dich nie wieder hier blicken. Solange ich hier lebe, kommst du nicht mehr in mein Haus.«

Mein Verhalten brachte Schemil dermaßen auf, dass er ohnmächtig zusammenbrach. Jetzt war ich es, die seine Ehre verletzt hatte.

Ich war erschrocken über die Heftigkeit seiner Reaktion. Wir mussten den Notarzt rufen, Schemil bekam eine Spritze. Bald ging es ihm besser.

Besser? Mein Mann kam kaum noch nach Hause. Er verbrachte seine Zeit bei seinen Verwandten. An Absprachen hielt er sich überhaupt nicht mehr. Meine kleine Tochter schickte er einkaufen, obwohl sie das noch gar nicht konnte. Den Jüngsten schickte er im Schlafanzug zu mir in die Fahrschule.

Schließlich brachten die Verwandten Schemil auf die Idee, unsere Tochter Evelyn dem Sohn seines Bruders zu geben. Um die Ehre ihres Onkels und ihres Cousins zu retten, sollte sie den jungen Mann heiraten, dem ursprünglich die Tochter des Cousins meines Mannes versprochen war. Schemils Familie war der Meinung, ich hätte die Heiratspläne ihrer Kinder durchkreuzt. Nun wollten sie sich dafür rächen, indem sie meine Tochter verschacherten.

Eine kleine Revolution

Eines Tages teilte mir eine Fahrschülerin mit, sie werde den Unterricht bei mir abbrechen und in eine andere Fahrschule wechseln. Ahnungslos fragte ich die kurdische Frau: »Warum willst du weggehen?«

Ihre Antwort erschütterte mich: »Dein Mann hat mir gedroht: ›Wenn du weiter in diese Fahrschule gehst, entführe ich deine Kinder!‹ Ich halte diesen Druck nicht aus.«

Sie hatte Angst. Ich konnte sie nicht zurückhalten. Sie ging in eine andere Fahrschule.

Wenig später hörte ich das Gleiche von einer türkischen Fahrschülerin. Doch die ließ sich nicht einschüchtern. Sie erstattete Anzeige gegen meinen Mann – wegen Bedrohung. Die Sache landete vor Gericht, doch wenig später verließ auch diese Frau meine Fahrschule.

Unterdessen vermietete Schemil in meinen Häusern leer stehende Wohnungen, ohne das mit mir abzusprechen. Einige Leute ließ er ohne Mietvertrag einziehen. Kaution und Miete kassierte er. Er bediente sich von unserem Konto, hob Geld ab, ohne mich zu fragen oder an die Kinder zu denken. Immer öfter steckte er Geld ohne mein Wissen in die eigene Tasche.

Wenn das Konto überzogen war, kam er in die Fahrschule und verlangte Geld von mir. Er sagte dann: »Ich habe mein Portemonnaie verloren.«

Natürlich gab ich ihm etwas. Schließlich war er mein Mann.

Eines Tages hatte ich die Nase voll: Ich richtete ein neues

Konto ein. Für eine jesidische Frau ist das eine kleine Revolution. Eigentlich darf sie nicht einmal selbst über Geld verfügen, geschweige denn ein eigenes Konto führen. Das Kindergeld wurde nun direkt an mich überwiesen.

Um meinen Schmuck und wichtige Papiere in Sicherheit zu bringen, beantragte ich ein Schließfach bei der Bank. Irgendwie hatte Schemil von meinem Banktermin Wind bekommen. An dem Tag, an dem mir die Schlüssel ausgehändigt werden sollten, bestand er darauf, mich zu begleiten – schließlich sei er mein Mann.

Was sollte ich tun?

Gegenüber dem Bankangestellten setzte er durch, dass sein Name in die Unterlagen aufgenommen wird. Es entspann sich ein Streit. Weil ich zu einem dringenden Termin musste, geschah das Unfassbare: Der Angestellte händigte meinem Mann beide Schlüssel aus. Ohne mit der Wimper zu zucken ließ Schemil die Papiere für ein Fahrschulauto, das er schon immer selbst besitzen wollte, in den Safe legen.

Von Tag zu Tag wurde unsere Ehe unerträglicher. Ich packte meine Sachen: Ich wollte weg!

Dass sich eine jesidische Frau von ihrem Mann trennt, war unerhört. Mir war klar, dass mich die jesidische Gemeinde für meinen Schritt bestrafen und mich ausschließen würde. Ich würde keine Chance bekommen. Mein Handeln stand in krassem Widerspruch zu den Gepflogenheiten der jesidischen Gesellschaft. Doch das war mir egal. Lieber wollte ich die Qual der Ächtung auf mich nehmen, als ein Leben lang die Quälerei mit diesem Mann zu ertragen. Welche Katastrophe meine Entscheidung nach sich ziehen sollte, ahnte ich indes nicht ...

Schluss, aus

Schemil kam mir zuvor: Unserer fünfzehnjährigen Tochter Evelyn eröffnete er, dass er seinem Bruder versprochen hatte, sie mit dessen Sohn zu vermählen. Er und sein Bruder würden ein Haus für die beiden kaufen und die Hochzeit ausrichten. Schemil wollte zu ihnen ziehen.

Er nahm sich ein paar hundert Mark und machte sich mit Evelyn, der neunjährigen Gülden und dem anderthalbjährigen Wedat zu seinem Bruder nach Osnabrück auf. Evelyn überredete ihren Vater jedoch, sie und die beiden anderen noch einmal zurück nach Bielefeld zu fahren. Sie hatte gesagt: »Ich will noch ein paar Sachen holen und in der Schule Bescheid geben.«

Mein Mann ließ sich darauf ein und fuhr die Kinder zurück. Weil ich nichts von der geplanten Hochzeit erfahren sollte, brachte er die drei zu meiner Schwester Geribi.

Ich war gerade in der Fahrschule, als mein Handy klingelte. Geribi war dran: »Deine Kinder sind bei mir. Sie weinen. Und dein Mann ist weg. Er hat zu den Kindern gesagt, du kommst nie wieder.«

Ich bat meine kleine Schwester, die Kinder nach Hause zu bringen.

Als ich zu Hause eintraf, waren Geribi, meine Mutter und mein Bruder Adil schon da. Sie waren ebenso erstaunt über Schemils plötzliches Verschwinden wie ich. Keiner von uns hatte etwas von seinen Plänen geahnt. Nun erzählte meine

Tochter Evelyn, was er den Kindern gesagt hatte: »Gülnaz ist verrückt. Sie nimmt Drogen. Eure Mutter wird sich umbringen.«

Ich war schockiert und überlegte, was ich gegen die Unterstellungen tun konnte. Einen angstvollen Moment lang dachte ich: Wer weiß, vielleicht hatte er mir etwas in mein Essen getan.

Schemil war frech genug, einen weiteren Versuch zu unternehmen, Evelyn wegzulocken, um sie mit ihrem Cousin zu verheiraten. Er hatte sich für den nächsten Tag um drei mit ihr bei uns um die Ecke verabredet. Sie ging nicht zu dieser Verabredung. Als er bei uns anrief, um sich zu erkundigen, wo sie blieb, sagte Evelyn ihm gehörig die Meinung: »Wenn du noch einmal hier auftauchst, rufe ich die Polizei!«

Ich sagte mir: Schluss, aus. Das muss ein Ende haben! Ich reichte die Scheidung ein. Mein Mann zog für eine Weile zu seinem Bruder, dann zu seiner Schwester. Er tauchte nie wieder bei uns zu Hause auf. Doch er schickte Leute zu mir: Zunächst kam sein Onkel. »Es gehört sich nicht für eine jesidische Frau, dass sie sich scheiden lässt. Gibt deinem Mann noch eine Chance. Wenn du dich scheiden lässt, gehören die Kinder deinem Mann.«

Ich sagte: »Das werden wir ja sehen.«

Unsere Freunde redeten mir ins Gewissen: »Überlegt es euch noch einmal. Ihr habt Kinder. Es ist für euch beide besser, euch nicht zu trennen.«

Dann rief Schemil an. Er wollte sich mit mir versöhnen. Inzwischen hatte er mit dem Sheikh unserer Familie gesprochen und den Geistlichen gebeten, bei meinem Vater ein Wort für ihn einzulegen.

Wenig später erhielt ich einen Anruf auf meinem Handy: »Ich bin Bawe Kocek Ibrahim.« Es war ein bekannter Sheikh. Ich hatte ihn im kurdischen Fernsehen gesehen. Offenbar war Schemil bei ihm gewesen und hatte ihm sein Herz ausgeschüttet. »Ich würde dich gern besuchen«, sagte er. »Darf ich mit Sheikh Usuf vorbeikommen?«

»Klar«, erwiderte ich, »warum nicht.«

Am Abend kam er zu mir. »Ich habe deinen Mann gehört«, eröffnete er das Gespräch, »nun möchte ich mit dir reden... Kannst du dir das nicht überlegen mit der Scheidung?«

»Ich erzähle dir alles, was vorgefallen ist. Wenn du dann immer noch der Meinung bist, ich solle es mir überlegen, tue ich das.«

Wir unterhielten uns über eine Stunde. Er sagte: »Ich hatte ein vollkommen falsches Bild von dir. Du bist eine kluge Frau. Tu, was für dein Leben gut ist.«

Er bot mir an, ihn zu besuchen. Es wurde nichts daraus, aber wir telefonierten zweimal die Woche. Kurze Zeit später verunglückte er bei einem Verkehrsunfall und starb.

Kein Zurück

In der jesidischen Gemeinde sprach sich meine Scheidungsabsicht herum wie ein Lauffeuer. Sheikhs und Pirs kamen, um mich von meinem Entschluss abzubringen. »Es ist eine Schande für eine jesidische Frau, sich von ihrem Mann zu trennen. Du verlierst nicht nur deine Ehre, sondern bringst auch deine Kinder, deine Eltern, deine Geschwister in Verruf – du schadest der gesamten jesidischen Gesellschaft! Was sollen die Leute von dir denken?« Sogar in der Fahrschule belagerten sie mich.

Meine Eltern wollten um jeden Preis verhindern, dass ich meinen Mann verlasse. Sie sagten: »Du kannst dich nicht scheiden lassen, das können wir uns nicht leisten.« Für sie stand viel auf dem Spiel. Wir waren eine angesehene Familie. Unser guter Ruf reichte über die Grenzen der jesidischen Gesellschaft hinaus bis in muslimische und christliche Kreise.

Auch mich plagten Zweifel: Soll ich es wirklich tun? Soll ich meinen Stand in der Gesellschaft einfach so aufgeben? Ich dachte an meine Kinder, daran, dass die Scheidung ihnen schaden könnte. Ich machte es mir nicht leicht.

Meine zweitälteste Tochter, Feliz, sagte: »Ich weiß, was mein Vater für einer ist. Aber ich will nicht, dass die Leute schlecht über unsere Familie reden, dass sich die Schulkameraden über mich lustig machen.« Sie hing an meinem Mann: »Egal *wie* er ist, er ist *mein Vater!*«

Schemil kränkte es zutiefst, dass ich – als Frau! – die Scheidung eingereicht hatte. Er rief mich an. Er beschimpfte mich und überhäufte mich mit Drohungen: »Ich werde dich umbringen, wenn du dich von mir trennst!«

Und er schickte immer wieder Leute zu mir. Sie sollten mich überreden: »Überleg es dir noch einmal! Du weißt doch, wenn Jesiden sich trennen, bekommt der Mann die Kinder und das Vermögen – er bekommt alles.«

Ich gab nicht nach.

»Man sollte dich aus der jesidischen Gemeinde ausschließen!«, war die empörte Reaktion.

Ich antwortete: »Macht das. Aber meine Kinder bekommt Schemil nur über meine Leiche!«

Wenn ich mir etwas in den Kopf setze, gibt es kein Zurück.

Todesangst

Bei seinem Verschwinden hatte mein Mann Bargeld, unser Sparbuch und das Fahrschulauto, von dem er die Papiere in das Bankschließfach gelegt hatte, mitgenommen.

Wenige Tage später ging ich zur Bank und setzte durch, dass mein Mann nicht ohne mein Beisein den Safe öffnen durfte. So kam er nicht an den Fahrzeugbrief für das Auto heran.

Inzwischen war ich ihm gegenüber so misstrauisch, dass ich einen Detektiv einschalten wollte, um ihn beobachten zu lassen – er sollte mir nicht mehr schaden. Während ich im Detektivbüro saß, klingelte mein Handy. »Ihr Mann ist hier«, meldete sich eine Mitarbeiterin der Bank. »Er möchte an den Safe.«

Ich flehte sie an: »Das darf er nicht! Lassen Sie das bitte nicht zu!« Ich sprang sofort auf, stürmte aus dem Detektivbüro, setzte mich ins Auto und fuhr los.

Auf dem Weg zur Bank klingelte das Telefon erneut. »Lass uns wie vernünftige Menschen miteinander reden«, bat mich mein Mann. »Wir können uns in einem Café treffen. Dann gebe ich dir die Pässe von deinen Fahrschülern zurück.«

»Gut, einverstanden.« Ich war erleichtert, es klang, als wolle er ein normales Gespräch.

Wir verabredeten uns in einem kleinen italienischen Eiscafé. Dort setzten wir uns in den hinteren Raum. Schemil war freundlich. Wir redeten über die Kinder.

»Was ist los mit dir?«, fragte ich ihn. »Weshalb gehst du, ohne mich zu fragen, an den Safe?«

»Ich will nicht mehr in Deutschland leben. Gib mir Geld und die Autopapiere, die im Safe liegen.«

»Ich habe kein Geld«, erwiderte ich. »Den Fahrzeugbrief gebe ich dir nicht. Das ist mein Wagen, den brauche ich für die Fahrschule.«

»Wenn du mir das Geld gibst, verschwinde ich und lasse dich und die Kinder in Ruhe.«

»Ich werde es mir überlegen. Was ist mit den Pässen?«

»Die habe ich im Auto.«

Er bezahlte meinen Kaffee und wir brachen auf. Gemeinsam gingen wir zu dem Auto, das er mir streitig machen wollte. Er suchte nach den Pässen – vergeblich: »Ich finde sie nicht, ich weiß nicht, wohin ich die Pässe gesteckt habe.«

Wütend wendete ich mich ab: Wieder war ich auf ihn hereingefallen. Ich schloss meinen Wagen auf, der gleich neben seinem stand. Da spürte ich einen harten Gegenstand in meinem Rücken. Eine Pistole!, durchzuckte es mich. Ich wusste, dass er eine Waffe besaß. Sein Cousin hatte sie ihm ja damals besorgt, um die durchkreuzten Heiratspläne für seine Kinder zu rächen.

»Los, rein in den Wagen, wir holen den Fahrzeugbrief«, befahl Schemil.

Ich versuchte meine rasende Angst zu verbergen und ruhig zu bleiben. »Kein Problem, wir fahren zur Bank. Am besten mit deinem Wagen.«

Die Pistole in meinem Rücken führte er mich zur Beifahrertür seines Wagens. Bleib ruhig!, beschwor ich mich selbst, sonst bringt er dich um. Ich dachte an meine Kinder.

Doch eine Kraft in mir war stärker ... Blitzschnell drehte ich mich um, packte die Hand, in der er die Waffe hielt und biss mit ganzer Kraft hinein, so kräftig, dass ich ein Stück seiner Haut zwischen den Zähnen hatte. Er schrie vor Schmerz, wir kämpften miteinander. Während ich zu Boden stürzte, bekam ich die

Pistole zu greifen und riss sie an mich. Ich lag auf dem Rücken. Wutentbrannt stürzte er sich auf mich, presste ein Knie auf meinen Bauch und versuchte, an die Waffe heranzukommen. Er konnte mit der verletzten Hand nicht mehr richtig zugreifen, das war mein Glück.

Plötzlich schrie er laut: »Hilfe! Hilfe, meine Frau bringt mich um! Hilfe!«

Gott sei Dank, dachte ich, er gibt auf.

Aus einer benachbarten Imbissbude kamen zwei Männer angelaufen.

»Der will mich erschießen«, rief ich ihnen zu.

»Es sieht eher so aus, als würden Sie ihn erschießen ... Wenn Sie ihn nicht umbringen wollen, dann werfen Sie die Waffe herüber!«

Schemil kniete auf meinem Arm. Dennoch gelang es mir, die Pistole wegzuschleudern. Sie rutschte über den Boden zu den Männern hin. Schemil sprang auf, rannte zu seinem Wagen, warf sich hinein und raste mit quietschenden Reifen davon.

Ich stand langsam auf, meine Knochen schmerzten. Meine Papiere lagen verstreut auf dem Boden. Ich versuchte, mich ein bisschen herzurichten und überlegte, was ich jetzt machen sollte. Zur Polizei gehen und den eigenen Mann anzeigen? Das durfte ich als jesidische Frau nicht tun. Ich hatte zu große Angst vor der Rache meines Mannes und seiner Familie.

Ich rief meine Rechtsanwältin an und bat sie um Rat.

»Am besten, Sie kommen sofort hierher.«

Ich machte mich auf den Weg. Sie informierte die Polizei und erklärte meine Situation.

Vernichtende Gerüchte

Schemil zeigte mich an. Er behauptete, es sei meine Waffe gewesen, mit der ich ihn bedroht hätte. Es vergingen mehrere Monate, bis das Gerichtsverfahren wegen unerlaubten Waffenbesitzes in Herford gegen mich eröffnet wurde. Meine beiden großen Töchter bestanden darauf, mich zur Verhandlung zu begleiten.

Als Zeugen waren zwei Frauen geladen, die in der Nähe des Eiscafés wohnten, sowie der Imbiss-Besitzer und ein Bekannter von ihm. Schemil hatte ebenfalls eine Vorladung zur Verhandlung erhalten. Er hatte Polizeischutz verlangt: Sonst würde er nicht erscheinen. Wahrscheinlich wollte er zeigen, dass er Angst hatte, um mir leichter die Schuld in die Schuhe schieben zu können. Der Polizeischutz war abgelehnt worden. Deshalb blieb er der Gerichtsverhandlung demonstrativ fern.

Die entscheidende Frage war: Wem gehört die Waffe? Die eine Frau berichtete, ich hätte auf dem Bauch meines Mannes gesessen und ihn mit der Waffe bedroht. Mein Anwalt hatte in den Polizeiakten eine andere Aussage von ihr gelesen: Sie hatte zu Protokoll gegeben, dass sie meinen Mann auf meinem Bauch kniend gesehen hatte – mit der Pistole in der Hand. Der Richter konfrontierte sie mit ihrer Polizeiaussage. Darauf entgegnete sie: »Ich habe eigentlich gar nicht richtig sehen können, wie es war. Ich habe die Geschichte von meiner Nachbarin gehört. Und so habe ich sie weitererzählt.«

Der Besitzer der Imbissbude berichtete, dass mein Mann um

Hilfe geschrien hatte. Daraufhin sei er sofort gekommen und habe gesehen, wie mein Mann auf meinem Bauch gesessen und versucht hätte, die Pistole zu bekommen. Kurz nachdem ich den Platz verlassen hatte, sei mein Mann wieder zurückgekommen und hatte von dem Imbiss-Besitzer die Pistole verlangt. Der hatte ihm die Waffe ausgehändigt – allerdings ohne Magazin. Dann sei er mit der Pistole fortgefahren, um nach einer halben Stunde wieder aufzukreuzen und dem Imbiss-Besitzer die Pistole zurückzugeben.

Die Spurensicherung hatte festgestellt, dass die Nummern der Waffe unkenntlich gemacht worden waren. Der Richter fragte sich: Warum ist er abgehauen? Warum nahm er die Pistole mit? Warum kam er nach einer halben Stunde mit der Waffe zurück? Er gelangte zu der Überzeugung, dass die Waffe meinem Mann gehörte. Ich wurde freigesprochen. Es hieß, mein Mann müsse mit Konsequenzen rechnen. Wie genau die aussahen, weiß ich nicht.

Schemil schäumte vor Wut. Er verbreitete Gerüchte: dass ich ein Verhältnis mit einem anderen Mann hätte. Dass ich Drogen nähme. Dass ich verrückt sei.

Gerüchte spielen in der jesidischen Gesellschaft eine wichtige Rolle. Sie sind schlimmer als der Tod. Durch die große Nähe innerhalb der Gemeinschaft verbreiten sich Gerüchte in Windeseile. Sie können dich regelrecht vernichten, ja, das Leben kosten.

Wenn ein jesidischer Mann sich in ein Mädchen verliebt, versucht er alles, um sie zu bekommen. Schlägt das Mädchen seine Werbung aus, wird er etwas suchen, womit er sie beschmutzen kann. Findet er nichts, wird er etwas erfinden. Und die Gesellschaft wird schnell bestätigen, was er über sie in Umlauf gebracht hat. Einem Mann wird eher Glauben geschenkt als einer Frau.

Dazu fällt mir eine Geschichte ein: In der Türkei ernähren Kurden ihre Familien oft durch Diebstahl. Ein Mann, der nicht stehlen kann, ist kein richtiger Mann. Zwei Männer gingen nachts hinaus und wollten etwas stehlen, diesmal bei einer reichen Familie, die sehr viele Tiere besaß. Sie gingen in den Hof, um Tiere aus den Ställen zu holen. Doch die Frau des Besitzers bemerkte es und rief einem von den beiden zu: »Ich habe dich erkannt! Ich werde dafür sorgen, dass du an den Wimpern aufgehängt wirst« – das ist eine kurdische Redewendung. Am nächsten Tag kamen Soldaten. Die Frau führte sie zu dem Dieb und sagte: »Der war es!« Der Mann stritt es ab: »Die Frau lügt! Ich war nicht da, um etwas zu stehlen, ich war wegen ihr selbst hier – sie ist seit Jahren meine Geliebte. Ich wollte wieder zu ihr, doch ihr Mann war früher zurückgekehrt als geplant.« Die Sache kam vor Gericht. Der Mann beschaffte viele Zeugen, die bestätigten, dass die Frau seine Geliebte sei. Damit war das Ansehen dieser Frau zerstört. Der Mann erzählte später, wie es sich wirklich zugetragen hatte, und brüstete sich mit seiner erfolgreichen Lüge vor seinen Zuhörern.

Auch bei meinen Kindern versuchte Schemil mich zu verleumden. Er wollte erreichen, dass sie den Kontakt zu mir aufgaben und unternahm alles, das Sorgerecht für sie zu bekommen. Mittels finsterer Unterstellungen beschmutzte er mein Ansehen. »Eure Mutter nimmt Pillen, sie ist drogenabhängig.«

Ich war in größter Sorge. Was ist, wenn die Kinder den Lügenmärchen ihres Vaters Glauben schenken und ihr Vertrauen zu mir kaputtgeht? Ich sorgte mich, dass er jemanden damit beauftragt haben könnte, mir etwas ins Essen zu mischen!

Um mir Klarheit zu verschaffen, ging ich in ein Drogenlabor und ließ mich untersuchen. Die Auswertung des Tests erhielt ich ein paar Tage später. Man hatte keine Spuren von Drogen gefunden. Die Analyse-Ergebnisse zeigte ich meinen Kindern. Sie sollten schwarz auf weiß sehen, dass ihre Mutter mit Drogen nichts am Hut hatte. Ich sagte: »Von mir aus könnt ihr das eurem Vater schicken.«

Schieß, Onkel!

Als Oberhaupt der Familie kümmert sich mein ältester Bruder Adil um die Angelegenheiten der gesamten Familie, vor allem die der Schwestern. Er genießt großen Respekt und besitzt unbedingte Autorität. Ihn trafen die Gerüchte, die Schemil über mich in Umlauf gebracht hatte, aufs Schmerzlichste. Er machte sich Sorgen um das Ansehen der Familie.

Um die Streitigkeiten beizulegen, rief Adil den Bruder meines Mannes an, bei dem Schemil zeitweilig untergekommen war. Bei uns werden Probleme und Konflikte innerhalb der Familien geregelt – nicht vor Gericht. Schemil zog von einem Teil seiner Familie zum nächsten, mal war er hier, mal war er dort, meist bei Verwandten in Osnabrück, Ibbenbühren, Lingen oder Glarendorf.

Adil fragte meinen Schwager: »Warum erzählt er solche Gerüchte? Das ist eine Schande für euch und für uns. Lass uns miteinander darüber reden, was meine Schwester getan hat und was dein Bruder getan hat. Wenn du willst, bring ihn mit.«

»Mein Bruder ist verrückt«, erwiderte mein Schwager, »wir haben ihn rausgeschmissen.«

»Wo steckt er? Hol ihn! Du bist sein Bruder, du bist für ihn verantwortlich. Das ist keine Sache zwischen Schemil und Gülnaz. Wenn dein Bruder solche Gerüchte verbreitet, ist das eine Sache von uns allen. Das ist meine Ehre, deine Ehre, die Ehre unserer Familien, die auf dem Spiel steht.«

»Ich werde mit meinem Bruder sprechen. Ich rufe dich an.«

Eine halbe Stunde später rief er zurück: »Ich habe ihn nicht gefunden. Und um ehrlich zu sein: Ich will nichts mit ihm zu tun haben.«

Einige Tage später war ich mit einer Fahrschülerin in Osnabrück unterwegs. Anschließend hatte ich einen Termin mit Handwerkern in einer meiner Mietwohnungen. Ich bat meine Fahrschülerin, in der Wohnung die Handwerker zu beaufsichtigen. Unterdessen flitzte ich zur Cousine meines Mannes hinüber, die auch in diesem Haus wohnte, um den Schlüssel zu einer leer stehenden Parterrewohnung zu holen, in der die Handwerker anschließend weitere Arbeiten ausführen sollten.

Als ich aus der Wohnung trat, begegnete ich im Hausflur unverhofft meinem Schwager. Er benutzte das Haus als Meldeadresse, lebte aber nicht dort. Ich war überrascht, ihn zu treffen. Er beschimpfte mich: »Du bist schuld, dass es zur Trennung kommt! Du Hure! Du Nutte! Nimm die Scheidung zurück, sonst bringe ich dich und deinen Bruder um!«

Ich drehte mich auf der Stelle um und flüchtete in die leer stehende Wohnung zurück. Mein Schwager fuhr weg. Mit zitternden Knien ging ich zum anderen Haus hinüber, wo meine Schülerin auf mich wartete.

Ich rief Adil an und erzählte ihm, was vorgefallen war. »Hab keine Angst, beruhige dich«, sagte mein Bruder. »Ich werde das klären.«

Adil rief daraufhin meinen Schwager an: »Hör mal, lass uns wie vernünftige Menschen miteinander reden. Keiner von uns wird verhindern, dass Gülnaz diesen Schritt geht.«

Doch mein Schwager legte auf. Eine Stunde später rief er zurück und begann, Adil aufs Übelste zu beschimpfen.

Mein Telefon klingelte. Von meiner Schwester Bilnaz erfuhr ich, dass sich Adil mit meinem Schwager verabredet hatte. Sie hatten so lange miteinander gestritten, bis sie nicht mehr konnten und einander sagten: »Das muss jetzt aufhören! Wir treffen uns in Osnabrück und besprechen alles in Ruhe...«

Mich überfiel die Angst: Was haben die beiden vor? Inzwischen war ich mit der nächsten Fahrschülerin unterwegs. Ich versuchte meinen Bruder zu erreichen, doch der hatte sein Handy ausgeschaltet. Das ließ mir keine Ruhe. Ich lotste meine Schülerin zu dem Restaurant, in dem sich Adil und mein Schwager Bilnaz zufolge verabredet hatten.

Wir konnten die beiden nicht finden. Ich suchte am Bahnhof, ging die Straße auf und ab – nichts. Wir fuhren zurück zu meinem Mietshaus. Hier traf ich Adil und meine Schwester Geribi. Adil sagte: »Wir gehen jetzt hin und klären das!«

Mit zwei Autos fuhren wir zum Bahnhof: meine Fahrschülerin, meine Schwester, mein Bruder und ich. Wir parkten. Meine Schwester und die Fahrschülerin blieben vor dem Bahnhof stehen. Ich ging mit Adil zu dem verabredeten Treffpunkt, einem kurdischen Restaurant, das nur einhundert Meter vom Bahnhof entfernt lag. Wir gingen hinein und fragten den Besitzer, den ich von früher kannte, ob mein Schwager dort gewesen sei. Er hatte niemanden bemerkt.

Ratlos gingen wir zurück zu unseren Autos. Auf dem Bahnhofsvorplatz wimmelte es von Leuten. Taxis warteten auf Kundschaft. Meine Schülerin war im Bahnhofsgebäude verschwunden, um sich Zigaretten zu besorgen.

Plötzlich entdecke ich drei Männer, die aus Richtung der Bahngleise auf uns zukamen: Es waren der große und der kleine Bruder meines Mannes und Isar, der Sohn seiner großen Schwester.

»Schau mal, da sind sie!«, sagte ich erfreut zu meinem Bruder. Jetzt würde alles gut, dachte ich. Wir würden uns gemeinsam in das Restaurant setzen und die Fehde ein für alle Mal beenden.

Die drei Männer waren keine zweihundert Meter von uns entfernt. Mein Bruder und ich gingen ihnen Arm in Arm entgegen.

Es war wie im Film: Fünf, sechs Meter vor uns blieben sie stehen. Wortlos zog mein kleiner Schwager eine Pistole aus seiner Gürteltasche und zielte auf Adil. Ich sah, wie die Kugeln von seiner Brust abblitzten. Ich dachte: eine Schreckschusspistole... Adil wusste, dass er wegen der Schutzweste, die er vorsorglich trug, nicht tödlich getroffen sein konnte und ging weiter auf die Männer zu. »Schieß, Onkel! Schieß!«, feuerte Isar meinen Schwager an. Der schoss. Hinter uns an der Bushaltestelle zersplitterte Glas. Jetzt wurde mir klar: Es ist eine scharfe Waffe! Ich klammerte mich an meinen Bruder. Mein Schwager zielte auf Adils Brust, Arme, Beine und Hüfte – bis das Magazin leer war.

Mein Bruder riss sich von mir los. Er ging auf den Schützen zu, packte ihn an seiner Jacke und zog daran. Mein Schwager wand sich geschwind aus der Jacke und lief mit der Pistole davon.

»Jetzt bist du ihn ganz los!«

Polizei kam, offenbar zufällig, vielleicht auch, weil im Bahnhof Fußballfans unterwegs waren.
Ich nahm meinen Bruder an die Hand. »Bitte, bitte, lass uns gehen!«, flehte ich ihn an.
Er fuhr mich an: »Siehst du nicht, dass ich verletzt bin?!« Ich schaute zu Boden: Blut, überall Blut! Er war am Arm, am Kniegelenk und an der Hüfte verletzt – sechs oder sieben Schüsse hatten ihn getroffen.
Brust und Bauch konnten die Schüsse nicht durchbohren, Adil trug eine kugelsichere Weste. Gott sei Dank – er wäre sonst tot gewesen!
Vor einigen Jahren war der Bruder seiner Frau in Bremen erschossen worden. Adil hatte der Polizei geholfen, die Sache aufzuklären. Die Beamten hatten ihm damals geraten: »Tragen Sie eine Sicherheitsweste!« Seither trug Adil, wenn er in gefährliche Situationen zu geraten drohte, diese Weste.

Mein Schwager war davongerannt, aber mehrere Polizisten hatten ihn mit Hunden verfolgt. Sie nahmen ihn an Ort und Stelle fest.
Ich stand da wie angewurzelt. Erst als einige Minuten später der Krankenwagen kam, wurde mir in aller Konsequenz bewusst, was geschehen war. Verzweifelt versuchte ich zu meinem Bruder in den Krankenwagen zu gelangen, um ihn zu begleiten. Ich hatte Angst um ihn. Doch ich musste gemeinsam mit meiner

Schwester und meiner Schülerin auf die Polizeiwache und den Vorfall zu Protokoll geben.

Anschließend fuhr uns die Polizei ins Krankenhaus. Ein Beamter teilte uns mit, dass mein Bruder sich im Operationssaal befand. Wir warteten. Nach einiger Zeit kam meine Rechtsanwältin zu uns. Sie hatte mit dem Arzt gesprochen. Nun umarmte und beruhigte sie uns: »Adil ist außer Lebensgefahr. Die Kugeln sind entfernt worden. Die Ärzte wollen nun noch mögliche Lähmungen ausschließen.«

Wir warteten noch eine halbe Stunde, dann rief der Arzt uns in ein Krankenzimmer. Dort lag Adil auf dem Bett. Den Blick auf mich gerichtet, sagte er: »Jetzt bist du ihn ganz los.«

Er hatte recht. An eine Versöhnung war nach den Schüssen nicht mehr zu denken. Nach und nach traf unsere gesamte Familie im Krankenhaus ein: Meine ältere Schwester, mein Schwager, meine Brüder. Wir fürchteten: Vielleicht kommen Schemils Leute ins Krankenhaus, um ihr Werk zu vollenden ... Deshalb veranlassten wir, dass Adil noch am selben Tag vom Krankenhaus in Osnabrück in eine Bielefelder Klinik gebracht wurde.

In Bielefeld wurde Adil noch einmal operiert. Er konnte nicht sitzen und war auf Gehhilfen angewiesen. Nach drei Wochen kam er nach Hause. Doch über Monate musste er sich immer wieder neuen Behandlungen unterziehen.

Das Geschehen hielt uns alle in Atem, es war so dramatisch, dass ich darüber meine eigenen Angelegenheiten vergaß – so auch die Scheidung.

Als Adil aus dem Krankenhaus entlassen worden war, kamen täglich dreißig, vierzig Leute zu ihm zu Besuch, um ihm gute Genesung zu wünschen. Auch meine Kinder und ich gingen häufig zu Adil und meinen Eltern, die bei ihm eingezogen waren, um ihn moralisch zu unterstützen und seiner Frau mit dem vielen Besuch zu helfen.

Einmal nahm mein Vater Wedat, meinen Jüngsten, auf den Arm. Er schaute ihm lange in die Augen und sagte: »Allein wegen deiner Augen werde ich mich niemals an deinem Vater rächen. Damit du nicht eines Tages zu mir oder deinem Onkel kommst und uns vorwirfst: ›Ihr habt meinen Vater umgebracht.‹ Die Hauptsache ist, dass euer Onkel lebt! Wir werden unsere Hände nicht mit Blut beflecken.«

Meine Tochter Feliz versuchte meinen Vater zu trösten: »Unser Vater ist für uns tot. Du und Onkel Adil, ihr steht jetzt an seiner Stelle.«

Die Augen meines Vaters waren voller Tränen. Eins nach dem anderen umarmte er meine Kinder.

Auch die Verwandtschaft meines Mannes ließ nicht lange auf sich warten. Zufällig waren mein Vater und ich gerade bei Adil. Die Besucher heuchelten Mitleid: »Gott sei Dank, dass nichts Schlimmeres passiert ist! Wir finden nicht richtig, was die getan haben. Wir sind nicht auf deren Seite«, beteuerten sie.

Einer der Älteren sagte zu meinem Vater: »Uns ist es egal, was ihr mit Gülnaz' Mann und seinen Brüdern macht. Wenn ihr sie umbringen wollt, bitte. Wir bezahlen die Anwaltskosten.«

Ich hantierte in der Küche und lauschte dem Gespräch. Empört riss ich die Tür auf. »Was soll das?«, schrie ich. »Er ist immerhin der Vater meiner sechs Kinder!« Dann rannte ich wieder in die Küche.

Warum seid ihr hier?, dachte ich. Um die Leute noch mehr aufzuhetzen oder um eine Lösung zu finden? Vermutlich wollte Schemils Familie nichts mehr mit der Sache zu tun haben. Sie wollten sich von der Tat distanzieren. Vielleicht hatten sie Angst, dass sie ein Racheakt trifft. Eines war gewiss: Sie versuchten zu verhindern, dass meine Familie Anzeige erstattet. Lieber wollten sie die Sache intern regeln.

Nachdem sie gegangen waren, atmete ich erleichtert auf: Nun ist alles vorbei, hoffte ich. Niemand wird mir die Trennung von Schemil mehr zum Vorwurf machen.

Doch das Schicksal wollte es anders...

Blutige Ehre

Meine Schwäger und mein Neffe Isar wurden verhört und kamen für ein paar Wochen in Untersuchungshaft. Sie behaupteten, aus Notwehr geschossen zu haben. Das Landgericht in Osnabrück lehnte es ab, einen Prozess zu eröffnen. Die Richter waren der Meinung, die Beweise für eine Verurteilung reichten nicht aus.

Wir gingen in Berufung. Auch das Oberlandesgericht in Oldenburg lehnte ab, den Prozess zu eröffnen. Es sei nicht auszuschließen, so lautete die Begründung, dass der Bruder meines Mannes in Notwehr geschossen habe. Dessen Aussage – nicht er, sondern mein Bruder hätte als erster eine Waffe gezogen – habe nicht widerlegt werden können, meinten die Richter.

Wir verstanden die Welt nicht mehr. Mein Bruder war schließlich unbewaffnet gewesen!

Warum es nach den Schüssen auf meinen Bruder Adil nie zu einer Gerichtsverhandlung gekommen war, verstehe ich bis heute nicht. Auch der bekannte Rechtsanwalt Rolf Bossi, der sich intensiv mit dem Fall beschäftigte, versteht das nicht. Er hat einen Aufsatz darüber geschrieben. Da ist ein Mensch auf offener Straße mit mehreren Schüssen verletzt worden. Außer mir, meiner Schwester und meiner Fahrschülerin hatten das auch Polizisten gesehen, die zufällig am Bahnhof gewesen waren.

Dass der Fall nicht gründlich untersucht und juristisch aufgerollt worden ist, ist unglaublich. Und das in Deutschland, einem Rechtsstaat, in dem man wegen jeder Beleidigung oder wegen eines kleinen Diebstahls vor Gericht landen kann! Wie konnte das passieren? Wären die Schützen verurteilt worden, hätte möglicherweise verhindert werden können, was nun an Leid über meine Familie hereinbrechen sollte ...

Etwa ein Jahr nach den Schüssen auf Adil besuchte mein mittlerer Bruder Zalim einen Nachschulungskurs beim TÜV in Bielefeld, um seine Punkte von Verkehrsdelikten abzubauen. Er war ein sogenannter »Punktetäter«. Zufällig saß in diesem Kurs auch Isar, der kleine Neffe meines Mannes, der in Osnabrück seinen Onkel angefeuert hatte: »Schieß!«

Das Verhalten Isars hatte mich damals besonders schmerzlich getroffen. Er war für mich wie ein Sohn gewesen – und ich war wie eine Mutter zu ihm! Er hatte uns viel beim Bau unseres Hauses geholfen. Doch Isar fühlte sich seiner Familie verpflichtet. Er hatte wie sein Vater und sein Onkel den Ruf der eigenen Familie zu schützen. Und es gab da noch eine andere Geschichte, wegen der unsere Familien in Konflikt miteinander geraten waren: Seine Schwester und mein kleiner Bruder Hakim liebten einander seit Jahren. Sie wollten heiraten. Ihr Vater und Isar erlaubten es nicht. Sie wollten nicht glauben, dass mein kleiner Bruder das Mädchen wirklich liebte. Sie fürchteten, Hakim würde das Mädchen nur begehren, um die Ehre ihrer Familie zu beschmutzen. Deshalb waren die beiden Liebenden miteinander durchgebrannt – das Mädchen war eine Nacht bei Hakim geblieben. Adil hatte die beiden daraufhin zu sich gerufen und zwischen den Familien zu schlichten versucht. Mehrmals war er zum Vater des Mädchens gegangen, um ihn zu überzeugen, dass die beiden sich liebten. Doch der Vater und Isar verhinderten die Heirat.

Isar erkannte meinen Bruder Zalim sofort, gab sich jedoch

nicht zu erkennen. Erst als die Namen der Kursteilnehmer vorgelesen wurden, war auch meinem Bruder klar, wer da mit ihm im Raum saß.

Seit dem Anschlag auf Adil lebten all meine Brüder in der ständigen Angst, ihnen könne etwas Ähnliches widerfahren. Deshalb trugen sie seit dem Vorfall allesamt kugelsichere Westen.

In der Pause gerieten Zalim und Isar in Streit miteinander. Isar drohte: »Pass auf, dass dir nicht das gleiche passiert, wie deinem Bruder.«

Nach dem Unterricht bekamen sie sich erneut in die Haare. Vielleicht dachte Zalim an seinen Bruder Adil – an die Qualen, die er durch die Schüsse hatte erleiden müssen. Oder er hatte Angst um sein eigenes Leben. Jedenfalls gingen plötzlich die Gefühle mit ihm durch ... Zalim erschoss Isar.

Doch Zalim war nicht allein dem Zwang seiner Gefühle erlegen – das ungeschriebene Gesetz der *Heyf*, der Fluch der Blutrache, hatte ihn eingeholt. Zalim hatte sich die trügerische Möglichkeit eröffnet, die Ehre seiner Familie wiederherzustellen. Vielleicht hätte er sich sonst sein Leben lang vorgeworfen, er habe mit *dem* Mann in einem Raum gesessen, der an dem Mordanschlag auf seinen Bruder beteiligt gewesen war, ohne etwas zu unternehmen. Ich weiß es nicht.

Doch was heißt Ehre? Was ist das für eine Ehre, der Menschenleben zum Opfer dargebracht werden? Solch eine Ehre ist ein Dreck! Für mich bedeutet Ehre, den Kindern eine Ausbildung zu ermöglichen, sie von negativen Einflüssen fernzuhalten und so zu erziehen, dass sie in dieser Welt klarkommen, ohne die Würde anderer Menschen zu verletzen oder wegen Kleinigkeiten Menschenleben zu opfern.

Ich richte nicht meinen Bruder. Aber ich schäme mich für das, was passiert ist. Ich schäme mich dafür, dass sich unsere

Kultur nicht ändert. Ich verurteile die Rückständigkeit, in der die jesidische Gesellschaft in Deutschland lebt.

Gott hat den Menschen ihr Leben gegeben und nur er soll es ihnen nehmen.

Isars Tod schmerzt mich unendlich. Es ist, als hätte ich ein eigenes Kind verloren.

V
Zuallererst bin ich Mensch

Spießrutenlaufen

Ich war gerade in der Fahrschule, als mein Telefon klingelte. Meine große Schwester rief an. Sie wirkte aufgeregt. »Im Radio haben sie gerade gebracht, dass beim TÜV ein kurdischer Mann erschossen wurde. Nicht, dass unser Bruder...«
Ich fuhr sofort zum Haus meiner Eltern. Sie waren mit Adil in der Türkei. Aber ich hoffte, seine Frau könnte mir sagen, was mit meinem Bruder Zalim sei. Doch vergeblich. Sie wusste nur, dass er an diesem Kurs beim TÜV teilgenommen hatte. Alle Jesiden wussten Bescheid, nur wir erfuhren nichts. Erst am nächsten Tag las ich in der Zeitung, was geschehen war.

Von Zalim fehlte jede Spur.

Meine Eltern und Adil hatten in der Türkei erfahren, was passiert war. Sofort brachen sie ihren Aufenthalt ab und kamen zurück nach Deutschland. Es war nicht leicht, Zalim ausfindig zu machen. Wenige Tage später gelang es ihnen dennoch. Sie beschworen ihn: »Wenn du es warst und uns liebst, dann stellst du dich der Polizei.«

Daraufhin stellte sich Zalim der Polizei.

Die Polizei teilte der Familie des Erschossenen mit, was geschehen war. Isars Familie glaubte, ich hätte den Mord geplant und in Auftrag gegeben. Sie zimmerten sich eine Theorie zurecht: Als Fahrlehrerin hätte ich Verbindungen zum TÜV gehabt und veranlasst, dass Isar in die Falle ging. Sie verfluchten mich.

Schemil rief an. Er schob mir die Schuld für die Katastrophe in die Schuhe und drohte mir: »Ich werde dich umbringen, solange das Blut auf dem Boden noch feucht ist.«

Meine Kinder und ich wurden unter Polizeischutz gestellt. Rund um die Uhr wurden wir bewacht. Die Beamten standen vor dem Haus, sie waren in der Wohnung, sie gingen für uns einkaufen. Meine Kinder konnten nicht zur Schule gehen. Eine Woche lang durfte ich das Haus nur in Begleitung von Polizisten verlassen, die mit Maschinenpistolen und kugelsicheren Westen ausgestattet waren.

Meine jüngste Tochter, die zehnjährige Gülden, hatte sich den Arm gebrochen. Sie musste zum Arzt, um den Verband zu wechseln. Ich redete auf die Polizeibeamten ein. Schließlich flehte ich sie an, dass sie uns zum Arzt gehen ließen. Wir mussten schusssichere Westen anziehen und fuhren mit einem gepanzerten Wagen durch Bielefeld zum Arzt. Es war gespenstisch.

Sogar zur Fahrschule wurde ich mit dem Panzerwagen gefahren. Ich musste meinen Schülern wenigstens Bescheid sagen, dass ich vorläufig nicht kommen konnte.

Ich fragte mich: Warum das alles? Weshalb können zwei Menschen, die sich nicht mehr vertragen, nicht einfach auseinandergehen? Warum muss es so enden?

Nur wenige Tage nach der Katastrophe folgte der Scheidungstermin bei Gericht. Die Kinder blieben, von Beamten bewacht, zu Hause. Die Polizei rückte gleich mit mehreren Fahrzeugen an. Ich saß mit der Schutzweste im Panzerwagen. Vor und hinter uns fuhren Polizisten mit Maschinenpistolen. Ständig waren sie auf der Hut, ob sich jemand in der Umgebung auffällig verhielt. In der Kolonne ging es bis zum Gericht. Man geleitete mich durch einen Seiteneingang. Um das Gebäude herum war ein Sonderkommando im Einsatz.

Ich hatte Angst, meinem Mann und seiner Familie zu begegnen. Das Gericht hatte jedoch entschieden, die Verhandlung an getrennten Orten durchzuführen: Mich hatte man nach Bielefeld geladen, meinen Mann nach Osnabrück. Ich war erleichtert. Gemeinsam mit meinem Rechtsanwalt betrat ich den Gerichtssaal. Wir setzten uns. Der Richter fragte mich: »Sehen Sie noch eine Chance für Ihre Ehe?«

»Nein«, antwortete ich.

Der Richter war schon länger mit unserem Fall beschäftigt. Er wusste um die jesidische Familienstruktur. Das Umgangsrecht für die Kinder hatte er bereits geregelt. Er fragte nicht weiter. »Wir müssen abwarten, bis ihr Mann gehört wurde«, beendete er die Verhandlung.

Unter den gleichen Bedingungen wie auf der Hinfahrt brachten mich die Beamten nach Hause zurück.

Noch Monate später wurde ich bewacht. Polizisten fuhren Streife. Rief ich an, weil ich Angst hatte, kamen sie sofort.

Die ganze Gegend fragte sich: »Was ist los?« In der Zeitung hatten sie den fettgedruckten Titel gelesen: »Schüler vor der Fahrschule erschossen.« Alle dachten, der Tote sei mein Fahrschüler gewesen und vor meiner Fahrschule erschossen worden.

Auf den sich anschließenden Prozess stürzten sich die Zeitungen wie Aasgeier. Solch ein Drama war ein gefundenes Fressen für die nach Sensationen heischenden Medien. Wie alle Kurden wurden wir als Jesiden wegen der generell unterstellten Verbindung zur PKK pauschal kriminalisiert. Es wurde Abenteuerliches über uns geschrieben, auch über mich. Einige Berichte waren entwürdigend. Von einer »Kurdensippe« war die Rede. Mein Vater wurde als »Clan-Chef« bezeichnet. Die Schüsse auf den Neffen meines Mannes nannten die Journalisten eine »Hinrichtung«. Unsere Familie wurde wie ein Mafia-Clan dargestellt. Es war eine einzige Demütigung.

Doch keiner wollte wissen, wie es wirklich war. Dabei hätten sie mich jederzeit fragen können!

Die Zeitungsdarstellungen schadeten meinem Ruf mehr als der Vorfall selbst. Die Leute, die mich kannten, sahen mich merkwürdig an und machten einen großen Bogen um mich. Für meine Nachbarn war das wie Kino – für mich war es schrecklich. Es war wie Spießrutenlaufen.

Es geht nicht um mich

Nach der Scheidung nahm das Wutgeschrei in Schemils Familie noch zu. Die Reihe der Vorwürfe und Anschuldigungen ist bis heute nicht abgerissen: Ich hätte meinen Mann nicht wie einen Gott geehrt. Ich hätte nicht getan, was er von mir verlangte. Ich hätte nicht akzeptiert, was die Verwandten sagten. Stattdessen hätte ich mir die Frechheit erlaubt, nicht nur eine eigene Meinung zu haben, sondern sie auch auszusprechen. Wenn ich wie eine anständige Frau gelebt hätte, wäre das alles nicht passiert.

Schemil beantragte das Umgangsrecht für unseren jüngsten Sohn, Wedat, der mittlerweile knapp vier Jahre alt war – er beantragte es nur für ihn, nicht für die anderen. Wie stellte er sich das vor? Wie sollte ich das unseren anderen Kindern erklären? »Sind wir nicht seine Kinder?«, fragten sie mich.

Ich versuchte, sie zu beruhigen, suchte nach Erklärungen: »Ihr seid groß. Er hat das Umgangsrecht für euch nicht beantragt, weil ihr selbst entscheiden könnt, ob ihr ihn sehen wollt oder nicht.«

Ich glaube, er brauchte den Kleinen, um mit mir in Kontakt zu bleiben. Er hätte Termine vereinbaren und seinen Sohn bei mir abholen müssen. Vielleicht glaubte er, ich würde die Scheidung zurücknehmen, wenn wir uns nur oft genug begegneten und er die Möglichkeit hätte, auf mich einzureden.

Ich ging zum Jugendamt, um einen amtlichen Beistand für Wedat zu beantragen. Ich wollte nicht, dass er den Jungen zu sich holte. Es konnte ja passieren, dass Schemil versuchte, den Kleinen zu entführen. Mit der zuständigen Mitarbeiterin vereinbarte ich: »Er kann jede Woche ein- oder zwei Mal kommen. Oder ich bringe das Kind zum Jugendamt, wo er den Kleinen sehen kann, und dann hole ich ihn wieder ab.«

Die Frau vom Jugendamt hatte den Eindruck, mein Mann hätte gar kein Interesse an dem Jungen. Und tatsächlich, zum ersten vereinbarten Termin kam Schemil nicht. Auch zum zweiten nicht. So entschied das Jugendamt: Es gibt kein Umgangsrecht für ihn.

Wedat war verzweifelt. Er verstand nicht, warum sein Vater nicht gekommen war. Ich versuchte ihn zu trösten: »Dein Papa ist krank«, sagte ich. Er sollte nicht wissen, dass sein Vater kein Interesse an ihm hat.

Die anderen Kinder wollten mit ihrem Vater nichts mehr zu tun haben. Ich sagte: »Schemil ist euer Vater.«

»Nein«, beharrten sie, »das ist er nicht mehr.«

Als er meiner Tochter Feliz, die sehr an ihm gehangen hatte, nicht zum Geburtstag gratulierte, rief sie ihn an: »Warum meldest du dich nicht?«

»Ich habe Angst.«

»Warum hast du Angst?«

»Ich habe Angst vor meiner Familie.«

Zornig sagte meine Tochter: »Dann ruf mich nie wieder an! Geh zu deiner Familie. Wir sind nicht deine Familie. Nicht mehr.«

Anfang 2003 wurde ich schwer krank. Sechs Wochen lag ich im Krankenhaus. Ich hatte eine Blutanämie.

Es war schlagartig passiert. Ich konnte nicht essen. Was ich auch anrührte – ich musste mich übergeben. So verlor ich stark an Gewicht.

Im Krankenhaus besuchten mich Freunde, Schüler, Bekannte und Verwandte. Das gab mir Kraft.

Als ich wieder auf den Beinen war, zwang ich mich, gesund zu essen, gesünder zu leben. Mir war klar geworden, dass es dabei nicht so sehr um mich ging. Ich musste für meine Kinder sorgen.

Verhaftet

Nach der Ermordung Isars und Zalims Geständnis wurde auch mein Bruder Hakim angeklagt. Er hatte sich das Auto eines Freundes geliehen, der für eine Woche verreist war. Mit diesem Auto war Zalim zum Nachschulungskurs beim TÜV gefahren.

Als der Prozess eröffnet wurde, standen zunächst meine beiden Brüder vor Gericht. Zalim wurde im Mai 2003 wegen gemeinschaftlich begangenen Mordes am Neffen meines Mannes zu einer lebenslänglichen Haftstrafe verurteilt.

Während des Prozesses warf Zalims Anwalt der Justiz vor: »Wenn die Täter der ersten Schießerei am Osnabrücker Bahnhof rechtmäßig bestraft worden wären und die Bearbeitung des Verfahrens nicht vom Landgericht Osnabrück und vom Oberlandesgericht Oldenburg abgelehnt worden wäre, hätte es diese erneute Schießerei nicht gegeben. Durch die Ignoranz der Justiz«, so der Anwalt, »ist der Bruder des Opfers dieses ersten Anschlags nach jesidischem Verständnis zur Selbstjustiz gezwungen gewesen. Das ›Gesetz des Handelns‹ ist ihm auferlegt worden.«

Ein Gutachter im Prozess gegen meine Brüder nannte die Blutrache bei schweren Verletzungen der Ehre ein »Gewohnheitsrecht«. Dieses Recht existiere neben dem staatlichen Recht. Alle männlichen Familienmitglieder seien bei schweren Verletzungen der Ehre zur Blutrache verpflichtet. Er betonte auch, dass die Blutrache nichts mit der Religion zu habe. Sie sei nicht typisch jesidisch, sondern gehe auf die kulturellen Traditionen der Region zurück, aus der die Jesiden stammen.

Hakim, dessen Prozess von dem Zalims getrennt wurde, wurde von der Staatsanwaltschaft vorgeworfen, das Auto gefahren zu haben, mit dem Zalim vom Tatort geflüchtet war. Eine DNA-Analyse und andere Indizien vermochten die Richterin zu überzeugen, dass mein Bruder Hakim in den Mord an Schemils Neffen verstrickt war.

Im Juli 2003 wurde Hakim verurteilt – ebenfalls lebenslänglich. Mein Bruder bestreitet bis heute, dass er etwas mit dem Mord an Isar zu tun hatte. Er war zum Zeitpunkt der Tat zu Hause. Dafür gibt es Zeugen. Selbst die Direktorin des Gefängnisses, in dem er sitzt, glaubt, anders als die Richterin, an seine Unschuld.

Zalim hatte seinen Bruder vor Gericht entlastet. Den Fahrer des Wagens will er jedoch bis heute nicht nennen, weil er fürchtet, dass dadurch eine neue Blutfehde ausgelöst werden könnte. Er denkt: Lieber soll mein Bruder im Knast sitzen, als dass weitere Menschen sterben.

Kurz nach der Urteilsverkündung von Hakim bestellte die Polizei meinen Bruder Adil aufs Revier. Er sollte mich und meine Schwester Ilza mitbringen. Ich glaube, es war ein Dienstagvormittag im Juli 2003.

Ich hatte ein ungutes Gefühl.

Meine Schwester und mein Bruder waren vor mir losgefahren. Als ich vor dem Gebäude stand, rief ich sicherheitshalber meine Schwester an, um zu erfahren, ob sie eingetroffen waren. Sie sagte: »Wir sind verhaftet worden.«

Meine Vorahnung hatte sich bestätigt.

Wenn die beiden festgenommen sind, überlegte ich, wird dir vermutlich das gleiche Schicksal blühen. Einen Augenblick lang erwog ich zu fliehen. Aber was würde mit meinen Kindern geschehen? Ich gab mir einen Ruck: Du hast nichts getan, du bist unschuldig!

Das Polizeipräsidium in Bielefeld ist ein großes, repräsentatives Gebäude. Der Parkplatz ist ein Stück davon entfernt. Grünflächen mit Bänken trennen den Parkplatz vom Präsidium. Ich überquerte die Grünfläche und trat ein. Links saß eine Frau, die die Tür öffnete. »Ich habe einen Termin«, sagte ich.

»Bitte warten Sie einen Moment«, forderte sie mich auf, nachdem ich ihr meinen Pass gezeigt hatte.

Es waren keine zwei Minuten vergangen, als zwei Polizisten auf mich zukamen: eine Frau und ein Mann. Den Mann kannte ich von anderen Begegnungen mit der Polizei.

Sie nahmen mich mit in ein Büro. Dort wiesen sie mir einen Platz vor einem Schreibtisch an. Der Mann platzierte sich links, die Frau rechts von mir.

»Sie sind verhaftet.«, sagte der Mann.

»Ich weiß«, erwiderte ich so gelassen wie möglich.

»Wissen Sie auch, warum?«

»Es kann nur wegen der Schießerei sein.«

»Wegen psychischer Beihilfe zur Anstiftung zum Mord.«

Fast eine Stunde lang fragten sie mich nach allen möglichen Daten, die mich und meine Familie betrafen. Sie schrieben alles haarklein auf. Dann wollten sie wissen, ob ich etwas zu dem Vorfall zu sagen hätte. »Ich will nichts sagen«, antwortete ich. »Ich will einen Anwalt.«

»Wem vertrauen Sie?«, fragte die Polizistin.

Sie versuchte, meinen Rechtsanwalt zu erreichen. Doch das klappte nicht.

Ich wollte keinen Anwalt aus Bielefeld. Ich dachte, die sind alle voreingenommen. Mir fiel ein anderer Rechtsanwalt in Berlin ein, doch ich hatte keine Nummer. Ich bat die Beamten, mit meiner Tochter reden zu dürfen, die den Anwalt verständigen sollte.

Ich rief Evelyn an: »Ich bin bei der Polizei.«

»Ja und?«

»Evelyn, du musst für mich bei einem Anwalt in Berlin anrufen.«

»Wieso, was ist passiert?«

»Hör zu, Evelyn ... Ich bin verhaftet worden.«

Sie schrie. Ich habe diesen Schrei noch heute im Ohr. Ich werde ihn mein Leben lang nicht vergessen.

»Mama – warum?!«

»Vertraust du mir?«

»Ja!«

»Hab weiter Vertrauen zu mir! Ich werde beweisen, dass ich unschuldig bin. Pass auf deine Geschwister auf!«

Ich erklärte ihr, sie solle eine meiner Schülerinnen benachrichtigen, die die Nummer von dem Anwalt hatte. Wir sprachen nur wenige Minuten.

Dann trat der Staatsanwalt herein. Er sagte, mein Bruder und meine Schwester seien aus dem gleichen Grunde festgenommen worden wie ich und las mir den Haftbefehl vor. Wir hätten, so lautete der Vorwurf, meinen Vater überredet, meine Brüder aufzufordern, den Neffen meines Mannes zu töten. Das sei psychische Beihilfe und Anstiftung zum Mord. Ohne ein persönliches Wort mit mir gewechselt zu haben, verließ der Staatsanwalt den Raum.

Im Knast

Die Beamten machten Fotos von mir und nahmen meine Fingerabdrücke ab. Dann brachten sie mich von ihrem Büro nach unten in den Keller. Dort musste ich meinen Schmuck, meine Uhr und mein Geld abgeben und wurde »in Gewahrsam genommen«. Als ich die Zelle betrat, erblickte ich eine Bank, eine Toilette, ein Waschbecken. Ganz oben ein kleines Fenster. Ehe ich mich besinnen konnte, wurde hinter mir die Tür verschlossen.

Ich stand da. Ich lief umher. Ich hatte keine Ruhe. Ich fragte mich: Warum bist du hier?

So vergingen mehrere Stunden, bis zwei Polizisten kamen, um mich dem Haftrichter vorzuführen. Sie wollten mir Handschellen anlegen. »Muss das sein?«, fragte ich.

Die Beamten erklärten: »Damit Sie ruhig bleiben.«

»Das ist nicht nötig«, sagte ich. »Ich weiß, dass Sie Ihre Arbeit machen. Und ich werde dazu beitragen, alles aufzuklären, was mich betrifft.«

Sie glaubten mir. Die Handschellen blieben mir erspart. Durch einen Hinterausgang führten sie mich zu einem Auto, das mich zum Gericht brachte.

Auch im Gericht wurde ich zunächst in eine Zelle verfrachtet. Wieder musste ich warten. Nach etwa einer Stunde wurde ich nach oben gebracht. Die Tür zum Zimmer der Haftrichterin öffnete sich wie von selbst. Vor mir stand Adil. Er war in Begleitung von Beamten und trug Handschellen.

Ich umarmte ihn. Adil küsste meine Stirn und ich die seine. Er sagte kurz: »Hab keine Angst, es wird alles gut!«

Ein Staatsanwalt, der dabei stand, schimpfte: »Was soll das?« Mein Bruder erwiderte: »Sie haben wohl Scheuklappen vor den Augen. Das ist meine Schwester.«

Unterdessen war unsere Familie gekommen. Sie standen einige Meter entfernt auf dem Gang und beobachteten das Geschehen. Meine Mutter weinte. Sie kam auf mich zu. Ich fragte den Staatsanwalt, ob ich zu ihr gehen dürfe. Er ließ es nicht zu.

Mein Bruder wurde abgeführt. Ich betrat das Richterzimmer. Da saßen die Richterin, der Staatsanwalt und ein Dolmetscher. Sie fragten mich, ob ich aussagen wolle.

Ich sagte: »Nein«, denn ohne Anwalt wollte ich keine Aussage machen.

Die Richterin machte mir klar, dass ich in U-Haft bleiben müsse. »Sie werden nach Brackwede ins Untersuchungsgefängnis gebracht.«

»Kann ich wenigstens meine Tochter sprechen?«, bat ich. »Sie wartet draußen auf dem Gang.« Ich schilderte der Richterin meine Situation, erzählte ihr von meinen Fahrschulen und erklärte ihr, dass ich mich von meinem Mann getrennt hatte und die Kinder allein waren.

Sie erlaubte mir, mit Evelyn zu sprechen. Ich durfte jedoch nur deutsch mit ihr reden. So konnten wir das Nötigste besprechen: dass sie auf ihre Geschwister aufpassen würde, dass sie in der Fahrschule Bescheid geben würde, dass ich einen Anwalt brauchte, dass sie nicht verheimlichen sollte, warum ich inhaftiert worden war. Auch das Straßenverkehrsamt sollte sie informieren. Nach wenigen Minuten musste meine Tochter das Zimmer verlassen.

Noch am gleichen Tag wurde ich mit einem Transporter nach Brackwede in den Knast gebracht.

In der kleinen Zweierzelle, in die ich gesteckt wurde, machte ich die Bekanntschaft einer netten Frau, die wegen einer Geldgeschichte saß. Sie besaß eine Firma. Einer ihrer Leute hatte krumme Sachen gedreht. Als Chefin musste sie dafür geradestehen und war in Untersuchungshaft gekommen. Sie erzählte von ihrer Anwältin. Da ich selbst noch keinen Anwalt gefunden hatte, fragte ich, ob diese eventuell auch mich vertreten würde. Die Frau sprach tatsächlich mit ihrer Anwältin, doch davon erfuhr ich erst später – als ich eines Tages einen Brief aus deren Kanzlei erhielt.

Beim Freigang – ich lief geführt von einem Beamten auf dem Hof im Kreis – hörte ich unerwartet, wie jemand meinen Namen rief. Es war meine Schwester Ilza. Sie stand hinter dem Fenster, unter dem ich gerade entlangging. Ich war schockiert, dass meine große Schwester auch hier gelandet war.

»Wie geht es dir?«, fragte ich.

»Mach dir keine Vorwürfe«, sagte sie, »hab keine Angst! Es wird alles vorbeigehen!«

Der Beamte schimpfte: »Wenn ihr nicht sofort aufhört, ist der Freigang beendet!«

»Sie sind doch auch ein Mensch«, empörte ich mich, »warum stellen Sie sich so an? Sie verstehen doch alles, was wir sprechen. Wenn Sie in meiner Lage wären und Sie sähen Ihre Schwester dort oben – hätten Sie nicht ein gutes Wort für sie?«

»Noch ein Wort und ich beende den Ausgang«, drohte er.

Daraufhin sagte ich zu meiner Schwester auf Kurdisch: »Pass gut auf dich auf!«

Dann wendete ich mich dem Beamten zu: »Jetzt beende *ich* den Ausgang. Ich werde ein Buch darüber schreiben. Ich werde ihre Menschlichkeit darin benennen. Und ich hoffe, dass Sie dieses Buch lesen werden.«

Er zuckte die Schultern und führte mich zurück in den langen Flur. Auf der rechten Seite stand eine Tür offen, ich schaute hinein – es war eine kleine Küche. Dort stand in Häftlingskleidung Zalims Frau. Ich schaute sie fassungslos an, sie schaute mich fassungslos an. Wir schwiegen. Kaum war ich in meiner Zelle, ließ sie mir durch andere Gefangene, die Freigang hatten, warme Pullover, Zigaretten und Schokolade bringen.

»Warum kommst du nicht nach Hause, Mama?«

Am nächsten Morgen wurde ich erneut einer Haftrichterin vorgeführt: »Sie werden nach Gelsenkirchen verlegt. Dort gibt es ein modernes Frauengefängnis.«
Per Gefangenentransport wurde ich nach Gelsenkirchen überführt. Er war in mehrere kleine Zellen unterteilt, damit sich die Gefangenen nicht sehen oder miteinander unterhalten konnten. Der Bus fuhr von Gefängnis zu Gefängnis. Gefangene wurden abgesetzt, neue eingeladen. Erst am späten Nachmittag trafen wir in Gelsenkirchen ein.

Wie sich später herausstellte, waren meine Geschwister und ich auf verschiedene Gefängnisse verteilt worden. Wir sollten keinen Kontakt miteinander haben.

Mittlerweile war auch mein Vater verhaftet worden. Außer Zalim und Hakim saßen nun auch mein Vater, Adil, Ilza und Zalims Frau im Knast: Meine Schwägerin und mein Bruder Hakim in Bielefeld-Brackwede, mein Vater in Dortmund, Zalim in Hamm, Ilza in Köln, Adil in Bochum und ich in Gelsenkirchen. Meine gesamte Familie saß im Gefängnis – es war grauenvoll!

In Gelsenkirchen erwartete mich tatsächlich ein modernes Gefängnis. Ich wurde in eine Viererzelle eingewiesen. Auf dem Flur gab es heißes Wasser, endlich konnte ich duschen!

In der Zelle kam ich mit Drogenabhängigen in Berührung. Ich verabscheue jegliche Rauschmittel. Bislang konnte ich kein Verständnis für Menschen aufbringen, die Drogen nehmen. Als ich diese Menschen im Gefängnis erlebte, glaubte ich zum ersten

Mal ein wenig davon verstehen zu können, wie sie so weit gekommen waren. Ich hörte von gescheiterten Beziehungen, von Auseinandersetzungen mit Männern. Es schien, als gäbe es immer einen Grund für die Sucht. Eine ältere Frau – sie hatte drei Kinder und war geschieden – hatte in einer Fabrik in Schichten gearbeitet und als Aushilfe gejobbt. Sie war oft müde und gestresst gewesen. Ein Mann hatte vorgegeben, ihr helfen zu wollen. Er habe etwas gegen ihre Müdigkeit, hatte er vorgegeben. Das Mittel hatte ihr zunächst tatsächlich geholfen. Doch sie war davon abhängig geworden. Trotz der erlittenen Schicksale war es mir unangenehm, eine Woche lang die Gesellschaft von Drogenabhängigen zu teilen.

Ich war erst einige Tage im Gefängnis, da erfuhr ich von einer Sozialarbeiterin, dass eine meiner Töchter krank sei. Die Ärzte meinten, eine Mandeloperation durchführen zu müssen. Doch dazu bedurfte es meiner Zustimmung. Eine Unterschrift war nötig, meine persönliche Anwesenheit.

Aber ich saß im Knast. Was sollte ich tun? Ich fragte die Sozialarbeiterin, ob es eine Möglichkeit gäbe. »Ja. Aber sie werden dich in Handschellen und Fußketten dort vorführen.«

Nächtelang schloss ich kein Auge, ich weinte und machte mir Vorwürfe: Warum konnte ich keine bessere Mutter sein? Warum war ich im Knast gelandet? Ich warf mir vor, im Gefängnis gelandet zu sein, weil ich mich egoistisch benommen hatte. Unentwegt plagten mich Schuldgefühle. Ich wurde fast verrückt.

Wieder half mir das Beten: »Gott, gib mir Kraft. Lass mich das überwinden!«

Mit Müh und Not erreichte ich, dass ich mit Evelyn telefonieren durfte. Sie war inzwischen achtzehn Jahre alt. »Geh zum Familiengericht und sprich mit dem Richter. Er kennt unsere Situation.«

Evelyn beantragte für die Zeit, die ich im Gefängnis war, das

Sorgerecht für ihre fünf jüngeren Geschwister. Es wurde ihr zugesprochen. So konnte sie die Einverständniserklärung für die Operation ihrer kleinen Schwester unterschreiben.

Nach zwei Wochen durften mich meine Kinder zum ersten Mal im Gefängnis besuchen. »Wieso bleibst du hier?«, fragte der fünfjährige Wedat, als ich die Kinder verabschieden musste. »Warum kommst du nicht nach Hause, Mama?«

Es war wie ein Stich in mein Herz, als ich ihn so vor mir sah. Meine Tochter hatte mir erzählt, dass er nachts wach wurde und weinte, dass er wieder in die Hosen machte. Was sollte ich sagen?

»Ich muss hierbleiben. Ich weiß nicht, wie lange ...«

Die Tränen erstickten meine Stimme.

Ich erhielt meine Anklageschrift. Um mich auf den Prozess vorbereiten zu können, musste ich sie gründlich lesen. In der Gemeinschaftszelle war das unmöglich, ich brauchte Ruhe. Deshalb beantragte ich eine Einzelzelle.

Nun war ich allein. Doch auch das war zermürbend. Den ganzen Tag sitzt du in der Zelle – ganze sieben Quadratmeter sind dein Bewegungsfeld. Ein Etagenbett, ein Tischchen, zwei Stühle, ein WC. Ein Fenster mit Gitterstäben. Morgens das Geräusch der Schlüssel, wenn die Türen nacheinander aufgeschlossen werden. Jedes Mal schreckte ich hoch von dem schrillen Gerassel. So verging ein Tag wie der andere. Morgens das Rasseln der Schlüssel, Frühstück, Mittagessen, Abendbrot. Dazwischen hin und wieder Freigang.

Da ich nur Einzelfreigang hatte, musste ich warten, bis mich ein Wärter auf den Hof begleitete. Ich sollte keinen Kontakt zu den anderen Häftlingen haben. Ich konnte weder zum Sport gehen noch arbeiten. Wenigstens durfte ich lesen. Die Bücher retteten mich aus der Eintönigkeit des Gefängnisalltags, damit waren die Tage in der Zelle halbwegs zu ertragen.

Eines Tages kam ein Wärter und sagte: »Sie können nach Hause gehen.«

Ich war sprachlos. War das zu glauben? Mir liefen Tränen übers Gesicht. Ich schrie vor Freude. Als ich in meinem Glückstaumel den Wärter umarmen wollte, fuhr er mich barsch an: »Packen Sie Ihre Sachen und gehen Sie!«

Sechs Wochen hatte ich in Untersuchungshaft gesessen – nach meinem Empfinden waren es sechs Jahre...

Die Trümmer meines Lebens

Ich war auf freiem Fuß. Doch was ich vor mir hatte, war ein Scherbenhaufen. Ich stand vor den Trümmern meines Lebens.

Meine drei Fahrschulen waren ruiniert. Die Staatsanwaltschaft hatte an das Straßenverkehrsamt geschrieben: Ich sei charakterlich nicht geeignet, eine Fahrschule zu führen und Schüler zu unterrichten, teilte mir das Amt in einem Brief mit. Sie schrieben mir aber auch, dass sich an meiner Zulassung als Fahrlehrerin nichts ändern würde.

Ich fuhr zum Straßenverkehrsamt und schilderte meine Lage. Ich erzählte, wie es dazu gekommen war, verheimlichte auch nicht, dass mir ein Gerichtsprozess bevorstand, und bat darum, meine Fahrschul-Erlaubnis ruhen zu lassen – so lange, bis ich einen klaren Kopf hätte und meine Sachen geklärt wären. Mit dem Fahrlehrer, der bei mir angestellt war, vereinbarte ich, die verbliebenen Schüler auf andere Fahrschulen zu verteilen. Es wäre unmöglich gewesen, einen Prozess durchzustehen, von morgens bis nachmittags im Gerichtssaal zu sitzen, und anschließend noch in die Fahrschule zu gehen. Das wäre gegenüber den Schülern nicht fair gewesen. Ich war zu belastet, um selbst noch viel geben zu können. Deshalb entschied ich, die Fahrschulen zu schließen.

Nun stand ich ohne Einkünfte da. Ich stellte Anträge auf Sozialhilfe und auf Unterhalt für die Kinder. Doch nur für meinen Jüngsten bekam ich Geld, denn das Jugendamt zahlte Unterhaltszuschuss nur für Kinder bis zum zwölften Lebensjahr. Weil ich mit meinen Kindern in einem eigenen Haus lebte und Häuser besaß, die ich vermietete, wurde auch der Antrag auf Sozialhilfe abgelehnt. Ich musste sämtliche Wertsachen verkaufen: Schmuck, den Fernseher, meinen Wagen. Freunde gaben mir Geld. Dafür bin ich sehr dankbar.

Der Prozess gegen meinen Vater, meinen Bruder, meine Schwester und mich wurde im Oktober 2003 vor dem Landgericht in Bielefeld unter strengen Sicherheitsvorkehrungen eröffnet. Der Gerichtssaal war voller Beamter in Zivil. Die Zuschauer wurden nicht nur am Eingang des Gerichts, sondern auch vor dem Gerichtssaal durchsucht. Drei bis vier Mal pro Woche waren Verhandlungstermine angesetzt – von morgens bis nachmittags. Es war zermürbend. Meinem Vater wurde vorgeworfen, er hätte nach den Schüssen auf meinen Bruder Adil dazu aufgefordert, den Neffen meines Mannes zu töten. »Anstiftung zum Mord«, so lautete die Anklage gegen ihn.

Adil, Ilza und ich, so hieß es in der Anklageschrift, hätten meinen Vater – »von dem Gedanken der in Ihrer Heimat herrschenden Sitte der Blutrache durchdrungen« – darin bestärkt. Der Vorwurf stützte sich auf die Aussagen mehrerer Zeugen, die allerdings – ohne dass es die Richterin wusste – alle zur Familie meines Mannes gehörten. Sie durchschaute nicht, wie eng die Familien bei uns zusammenhalten. Die Zeugen behaupteten, persönlich gehört zu haben, wie wir bereits während der Genesung meines Bruders im Krankenhaus Rachepläne geschmiedet hätten. Wir stritten die Vorwürfe vehement ab.

Da kam die Richterin auf eine Idee. Zum Kronzeugen Revo, einem Verwandten meines Mannes, sagte sie: »Wenn Sie behaupten zu wissen, was Ilza, Adil und ihr Vater gesagt haben, dann kennen Sie ja die Ilza. Bitte zeigen Sie uns Ilza.«

Der Kronzeuge stand auf, ging in den Zuschauersaal und zeigte mit dem Finger auf Adils Frau: »Da ist Ilza.«

Nun wusste die Richterin, dass alles gelogen war. Das Gebäude aus Verdächtigungen und Anschuldigungen, das durch Zeugenaussagen gegen uns aufgebaut worden war, brach zusammen.

Meine Schwägerin, die Frau meines Bruders Zalim, stand zur gleichen Zeit vor Gericht. Im Prozess gegen meinen Bruder Hakim hatte sie ausgesagt, dass er zum Tatzeitpunkt zu Hause gewesen sei, demzufolge gar nicht das Fluchtfahrzeug hatte lenken können. Ihr wurde Falschaussage vorgeworfen, denn andere Zeugen hatten anderes behauptet. Sie blieb bei ihrer Aussage. Das Gericht glaubte ihr nicht und verurteilte sie zu einer Bewährungsstrafe.

Ilza und ich wurden im Dezember 2003 freigesprochen. Mein Vater und Adil kurz darauf.

Mensch bleiben

Kurz nach dem Freispruch begann ich einen Computerkurs, den das Arbeitsamt bezahlte. Ich wollte etwas tun. Schließlich musste ich mir eine neue Existenz aufbauen! Ich wollte wieder als Fahrlehrerin arbeiten. Dazu brauchte ich Kraft und neuen Mut. Doch wenn man Freunde hat, wahre Freunde, dann geht es körperlich und seelisch schnell bergauf. Meine Freunde hatten mich über Monate unterstützt und standen mir auch jetzt mit Rat und Tat zur Seite.

Im Mai 2004 war es so weit. Ich eröffnete eine Fahrschule in Herford. Anfangs war ich skeptisch, ich befürchtete, dass es nicht gut gehen würde. Noch beim Renovieren und Einrichten fragte ich mich: Werden überhaupt Schüler kommen? Erstaunlicherweise lief es besser, als ich zu träumen gewagt hatte.

Ich gab wieder Unterricht und fuhr mit den Schülern. Ich war froh, einen neuen Anfang gewagt zu haben. Jede neue Anmeldung eines Schülers verlieh mir Kraft.

Inzwischen habe ich eine zweite Fahrschule in Bielefeld.

Wenn du in solchen Momenten nur zu Gott rufst und nicht an dich selbst glaubst, wird es dir nicht viel nützen. Der Mensch ist in erster Linie selbst verantwortlich für sein Wirken. Du musst zuallererst an dich selbst glauben! Dann bekommst du Kraft.

Für mich ist es heute nicht mehr wichtig, ob ich Jesidin bin, Kurdin, Türkin oder Deutsche. Zuallererst bin ich Mensch. Gott gab dem Menschen die Möglichkeit, zu sehen, zu hören und zu denken. Er gab dem Menschen den Verstand und damit die Möglichkeit, seinen eigenen Weg zu gehen. Ich muss meine eigene Würde schützen und die Würde anderer Menschen respektieren. Das ist für mich wichtig! Ob der andere Mensch ein Jeside ist oder ein Christ oder ein Muslim, das spielt keine Rolle. Ein Mensch soll Mensch bleiben. Solange ihm das gelingt, trägt er in meinen Augen eine Krone auf dem Kopf.

Heute fühle ich mich wieder stark. So stark, dass ich Juristin werden möchte. Mein Prozess und alles, was zuvor passierte, ließen diesen Entschluss in mir reifen. Ich möchte anderen Frauen helfen.

Vor ein paar Jahren erschoss ein irakischer Kurde in Bielefeld auf dem Marktplatz seine Frau. Sie wollte nicht mehr mit ihm zusammenleben. Auch dieses Schicksal ist ein Grund, alles daranzusetzen, dass ich mein Ziel erreiche. Wenn es auch ein langer und steiniger Weg wird: Ich will ihn gehen.

Sobald eine kurdische Frau versucht, selbstständig zu denken, sobald sie versucht, ihr Leben selbst zu gestalten, wird sie angegriffen. Warum unterstützen die Männer ihre Frauen nicht, wenn sie eigenständiger werden wollen? Es scheint, als hätten sie Angst, die Kontrolle über die Frauen zu verlieren.

Es gibt ein kurdisches Sprichwort: »Wenn zwei Hände klatschen, ist das nicht so laut, als wenn viele Hände klatschen.« Männer und Frauen sind gemeinsam stärker, das ist bei den Jesiden nicht anders als bei den Deutschen. Gemeinsam können Männer und Frauen viel erreichen. Die jesidischen Männer müssen keine Angst haben, dass sie ihre Männlichkeit verlieren, wenn sie den Frauen mehr Rechte zugestehen. Wer ein richtiger Mann ist, versteht das. Es ist ein Zeichen von Zuneigung und

Liebe. Diese Liebe würde eine andere Wirklichkeit schaffen – auch in der jesidischen Gesellschaft.

Unwillkommene Brautwerbung

Noch vor meinem Freispruch Ende 2003 besuchten ein junger Jeside und sein Vater meinen großen Bruder. Sie erkundigten sich nach Evelyn, meiner ältesten Tochter: »Ist das Mädchen schon vergeben? Oder ist sie noch frei?«

Adil kam zu mir: »Was hältst du davon?«

»Nichts«, erklärte ich ohne Umschweife, »ganz und gar nichts! Evelyn soll sich Zeit lassen, den richtigen Mann zu finden!«

Natürlich merkte ich, wie der Junge von ihr schwärmte. Und das, obwohl sie zu dieser Zeit noch gar keinen Kontakt mit ihm hatte! Deshalb nahm ich das Ganze nicht so ernst.

Für mich stand die Hochzeit meiner Tochter in weiter Ferne. Zwar war sie achtzehn Jahre alt und nach deutschem Recht volljährig, aber sie war noch immer mein Kind. Und das sollte sie vorerst auch bleiben.

Evelyn trat mit ihrer Band bei vielen Festen auf – sie war die Sängerin. Fast jedes Wochenende war sie unterwegs.

Es kam der Tag, an dem die beiden sich zum ersten Mal begegneten. Auf einer Hochzeit sprach der Junge sie an: »Willst Du mich heiraten?«

Sie sagte: »Nein.«

Ich glaube, sie hatte unter anderem deshalb Bedenken, weil er ein irakischer Jeside ist. Im Nordirak leben viele Kurden, von denen ein kleiner Teil jesidisch ist. Aber diese Jesiden sprechen einen anderen Dialekt und entstammen einer anderen Kultur.

Bald hatte Evelyn häufiger Auftritte bei irakischen Festen, sie war als Sängerin populär geworden. Nach und nach legte sie ihre Bedenken hinsichtlich des jungen Irakers ab.

Eines Tages kam sie zu mir: »Mama, der Junge möchte mich heiraten – was sagst du dazu?«

Ich erzählte ihr von meinen Ängsten. Schließlich hatte sie hautnah miterlebt, was zwischen mir und ihrem Vater vorgefallen war. Ich wollte sie von ihren Plänen abbringen.

Evelyn beharrte auf ihrer Meinung: »Mama, er liebt mich. Er ist nicht so wie andere.«

Ich erinnerte mich an die Zeit, als ich meinen Mann kennengelernt hatte. Auch ich hatte ihn falsch eingeschätzt. »Was ist mit deiner Musik?«, wollte ich von Evelyn wissen.

»Ich habe ihm gesagt, Musik ist mein Leben. Er sagt, er wird Lieder für mich schreiben.«

Nach einigen Monaten rief mich der Vater des Jungen an. Er bat, mit seinem Sohn vorbeikommen zu dürfen. Ich willigte ein. Die beiden kamen zusammen mit anderen Familienmitgliedern. Sie hielten offiziell um Evelyns Hand an.

»Ich werde mir das überlegen und mit meiner Tochter darüber sprechen«, vertröstete ich sie. »Wenn wir uns entschieden haben, geben wir Bescheid.«

Sie war so jung. Ich hatte Angst um sie. Ich nahm mir Evelyn vor und fragte sie: »Bist du sicher, dass es kein Fehler ist?«

Da gestand mir Evelyn, dass ihr Vater sie, als ich im Gefängnis saß, beleidigt hatte: »Dich wird sowieso keiner heiraten!«

Das also hatte sie zu diesem Schritt bewogen. Und sie ließ sich von ihrem Entschluss nicht abbringen. Ich spürte, dass ich nichts dagegen tun konnte. So rief ich die Familie des Jungen an. Wir vereinbarten den Verlobungstag und klärten, was für die Hochzeit nötig war.

Normalerweise legt die Familie der Braut das Brautgeld fest –

den Preis für die Braut. Bis zu fünfzigtausend Euro können das sein. Bei Evelyn war es so, dass ihre Schwiegereltern erst kurz zuvor nach Deutschland gekommen waren. Wir bestanden deshalb nicht auf Geld und Schmuck in diesem Umfang. Ich beruhigte den Schwiegervater: »Gib, was du geben kannst!« Ich stellte ihm die Summe frei. Darüber war er sehr froh.

Von dem Geld, das wir von den Schwiegereltern erhielten, kaufte ich Schmuck, Geschirr, Kleidung und Hausrat für meine Tochter. Auch den Anzug für den Bräutigam bezahlte ich davon. Das Brautkleid musste der Schwiegervater besorgen. Es heißt, es bringt Unglück, wenn die Eltern der Frau das Brautkleid kaufen.

Das Brautgeld symbolisiert den Wert einer Frau. Mädchen werden auf diese Weise zu einer Art Kapital. Dass von dem Brautgeld die Ausstattung für den Haushalt des jungen Ehepaars bezahlt wird, ist nicht in allen Familien üblich. Es kommt auf die Eltern des Mädchens an. Wenn sie unverschämt sind, kaufen sie nichts für die Brautleute, sondern behalten das Geld für sich.

Es gibt bei uns eine Geschichte über ein Brautpaar. Braut und Bräutigam kamen aus zwei Dörfern, die ein See trennte. Die Eltern hatten sich darauf geeinigt, dass kein Brautgeld gezahlt würde. Am Tag der Hochzeit kam die Familie des Bräutigams, um die Braut abzuholen und zum Hochzeitsfest zu bringen. Als alle im Boot saßen, um zur Hochzeit über den See zu fahren, schrie einer: »Wartet, wartet! Die Braut sitzt noch nicht richtig im Boot, sie fällt gleich ins Wasser!« Da sagte die Schwiegermutter der Braut: »Soll sie doch ins Wasser fallen. Sie hat uns ja nichts gekostet.«

Evelyn heiratet

Zur Verlobung meiner Tochter kamen mehr als zweihundert Gäste. Der Schwiegervater beklagte sich später bei mir: »Ich habe *zwei* Hochzeiten bezahlt!« Vielleicht war ich etwas zu großzügig bei den Einladungen. Aber bei uns wird nun einmal so gefeiert.

Einen Tag vor der Hochzeit fand das Henna-Fest statt. Wir aßen, tranken und tanzten zu traditioneller Musik. Spätabends wurde das Henna-Pulver in Schalen mit Wasser gemischt. Ich tanzte mit der Henna um die Brautleute herum. Die Braut wartete mit geschlossenen Händen, bis der Schwiegervater ihr eine Gabe darbrachte. Er überreichte Evelyn einen kostbaren Ring mit blauen Edelsteinen und schmierte die rote Farbe darüber. Auch dem Bräutigam wurde eine Handfläche gefärbt. Dann wurden die mit Henna bestrichenen Hände der Brautleute ineinandergelegt und mit einem Tuch zusammengebunden.

Anschließend färbten alle Gäste ihre Hände mit Henna: Kinder, Frauen, Männer – als Zeichen dafür, dass sie die Hochzeit mitgefeiert hatten.

Mir war gar nicht nach Feiern zumute. Zalim und Hakim waren lebenslänglich wegen Mordes verurteilt. Adil, Ilza, mein Vater, Zalims Frau und ich selbst hatten gerade noch vor Gericht gestanden. Eigentlich war es traurig. Doch der Hochzeitstag sollte ein Tag der Freude werden! Adil wollte alles dafür tun. Das gab mir viel Kraft. Ein Vater hätte es nicht besser machen können. Er wollte, dass Evelyn in seinem Haus für das Hochzeitsfest vorbereitet würde. »Ich möchte nicht, dass Evelyn darunter leidet, dass sie keinen Vater mehr hat«, sagte er.

Doch ich wollte, dass meine Tochter aus *meinem* Haus zur Hochzeit ging. Das lag mir am Herzen. Vor unserem Haus sollte aufgespielt und getanzt werden, alle meine Nachbarn sollten sehen, dass meine Tochter das Haus als Braut verlässt.

Am Hochzeitsmorgen war mir schwer ums Herz. Mir wurde bewusst, dass Evelyn nach diesem Tag nicht zu mir zurückkehren würde, sondern für immer in die Familie ihres Mannes überging. Ich wünschte ihr alles Glück dieser Erde. Doch wie ein Dämon flackerten die Erlebnisse meiner Ehe vor meinen Augen auf.

Während ich vergeblich versuchte, die schwermütigen Gedanken abzuschütteln, rückte die Stunde der Hochzeit näher. Normalerweise wird die Braut zum Friseur geleitet, doch Evelyn wollte unbedingt allein gehen. So setzte sie sich ins Auto und fuhr los. Auf dem Rückweg saß sie mit ihrem Brautschleier hinter dem Lenkrad.

Die Mädchen, die sie für das große Ereignis vorbereiten sollten, warteten schon aufgeregt. Sie halfen ihr ins Brautkleid und schmückten sie. Die Familie des Mannes kam, um die Braut zu holen. Als Evelyn fertig geschmückt war, wurde der Bräutigam gerufen. Er ging in das Ankleidezimmer, nahm ihre Hand und führte sie zu den anderen Gästen. Die Musiker spielten auf, die Mädchen begannen zu singen, alle klatschen und tanzten in der kleinen Wohnstube im Kreis.

Sabri, mein ältester Sohn und damit der älteste Bruder der Braut, band ihr als Symbol für ihre jungfräuliche Reinheit ein rotes Band um die Hüfte und gratulierte ihr. Er küsste sie auf die Stirn. »Werde glücklich!«

Sie erwiderte seinen Wunsch, indem sie ihm unter Tränen die Hand küsste. Alle ihre Geschwister weinten, auch ich. Wir verabschiedeten uns von Evelyn, umarmten sie und wünschten ihr viel Glück in der Ehe. Ich sagte zu ihr: »Hoffentlich ereilt dich ein besseres Schicksal als das deiner Mutter.«

Als die Zeremonie beendet war, stiegen wir in die mit Bändern und Tüchern geschmückten Autos und fuhren in Kolonne zum Hochzeitssaal. Draußen spielte Musik. Vor der Tür wurde getanzt. Bevor das Brautpaar den Saal betrat, bekam die Braut einen Tonkrug in die Hand und warf ihn zu Boden, sodass er in tausend Stücke zerbrach. Er war mit Geld und Bonbons für die Kinder gefüllt – als Symbol dafür, dass die Brautleute das Glück weitergeben.

Dann war es so weit: Endlich durfte das Brautpaar in den Saal eintreten. Durch ein Spalier aus Kerzen und Blumenkränzen zogen sie in den Saal. Alle, die sie begleiteten, tanzten, sangen, schrien. Einige Frauen erzeugten ein Geräusch mit ihrer Zunge – wir sagen *Tilili*. Auch bei Trauerfeiern ist dieses *Tilili* Brauch. Früher diente es dazu, Freude oder Trauer über weite Entfernungen zu verkünden. Meine Tochter kann das gut, ich nicht. Man muss dafür richtig üben.

Das Brautpaar eröffnete den Tanz. Danach nahmen die beiden ihren mit Blumen geschmückten Platz auf der Bühne ein. Dort saßen Braut und Bräutigam während der ganzen Feier. Alle Gäste sollten sie gut sehen: Schließlich wollen sich alle ein Bild von der Schönheit der Braut machen. Man erkennt sofort, ob die Brautleute ein Liebespaar sind oder nicht. Es ist anstrengend und langweilig, doch für die Braut ist wichtig, dass jeder sie sieht und ehrt – und dass jeder mit ihr tanzen will.

Evelyn sah glücklich aus, sie strahlte. Aber tief in meinem Innern spürte ich, dass ihr etwas fehlte: Der Vater war nicht da. Wahrscheinlich war ihr in dem Moment egal, ob er ein guter Mensch oder ein schlechter Mensch ist. Er hätte einfach da sein sollen.

Es kam die Stunde der Beschenkung. Die Übergabe der Geschenke ist ein bedeutender Moment. Wir wollten sie zuerst so praktizieren, wie wir es gewohnt waren: Die Gäste geben das Geschenk – meist Geld oder Schmuck aus Gold – und ein Mann ruft über Mikrofon aus, was geschenkt wurde. Deswegen hatte es vor der Hochzeit eine kleine Diskussion mit der Familie meines Schwiegersohns gegeben. Sie sagten: »Bei uns ist es nicht üblich, dass man den Namen ruft und bekannt gibt, was dieser und jener geschenkt hat.« Er meinte, einige Gäste hätten vielleicht kein Geld, das sie verschenken könnten. Ich willigte ein.

Also steckten die Gäste das Gold an die Hand des Mädchens oder hängten es ihr um den Hals und das Geld übergaben sie in Briefumschlägen an den Bräutigam. Meine Familie beschenkte das Brautpaar sehr reich.

Nach der Beschenkung wurde getanzt – richtig wild. Schließlich schnitt das Brautpaar die Hochzeitstorte an. Gäste hoben den Bräutigam auf ihre Schultern und tanzten mit ihm durch den Saal.

Kurz nach Mitternacht ging die Feier zu Ende. Das Brautpaar und die Familie des Bräutigams machten sich in Begleitung zweier älterer Frauen auf den Weg in die Wohnung der Eltern des Bräutigams – zur rituellen Brautnacht. Meine Mutter ging als Vertreterin der Familie der Braut mit.

Dort zogen sich die Jungvermählten in ein eigens für sie vorbereitetes Zimmer zurück. Auf dem mit einem weißen Laken bespannten Bett heirateten sie. Nach vollzogener Hochzeit prüften zwei alte Frauen, ob das Blut auf dem Tuch echt war. Als Symbol für Evelyns Reinheit stimmten sie das *Tilili* an, küssten die frisch vermählte Frau und riefen die anderen Frauen herbei – außer dem Bräutigam darf kein Mann das Brautgemach betreten –, die die Braut erneut beschenkten und als neues Mitglied der Familie begrüßten.

Jede Mädchenmutter hat Angst, dass ihr Mädchen nicht rein ist. Egal, wie du deine Tochter erziehst und ihr vertraust – alles Mögliche kann passiert sein oder dazu geführt haben, dass sie keine Jungfrau mehr ist. Deshalb bist du als Mutter so aufgeregt, so durcheinander. Dein Herz rast, bis es sicher ist, dass deine Tochter eine ehrenvolle Jungfrau war.

Meine Mutter und meine Schwester riefen an: »Sei stolz auf deine Tochter.«

In dem Moment war mir, als würde ich neugeboren – die Familienehre war hoch gewürdigt, mir kamen vor Freude die Tränen...

Für den nächsten Morgen waren nahe Verwandte und enge Freunde zu den Eltern des Bräutigams eingeladen. Die Braut wurde nochmals beschenkt. Es ist wichtig, dass diese Zeremonie in der Wohnung der Schwiegereltern stattfindet, um zu zeigen, dass eine Person zur Familie hinzugekommen ist.

Ich weinte den ganzen Tag – allerdings nicht mehr vor Freude. Auch die Kinder trauerten. Mein kleiner Wedat sagte: »Evelyn soll noch nicht gehen, sie soll noch ein bisschen bei uns bleiben.«

Im Oktober 2005 heiratete Sabri, mein ältester Sohn, Adils Tochter Gülcan.

Eines Tages hatte eine meiner Schwestern zu mir gesagt: »Die beiden mögen sich, warum sollen sie nicht heiraten?«

Sie waren noch Kinder, gerade mal sechzehn Jahre alt. Ich hatte Bedenken. Hatte ich mich doch selbst hartnäckig dagegen gewehrt, einen Mann aus der Verwandtschaft zu heiraten. Zugleich beruhigte ich mich damit, dass Adil ein großherziger Mensch ist. Sollte es Probleme geben, könnte man sie innerhalb der Familie friedlich lösen. Sabri liebt seinen Onkel sehr und hat großen Respekt vor ihm. Ich fand Gefallen an dem Gedanken, dass meine Schwiegertochter die Tochter meines geliebten

Bruders ist. Wir beschlossen, dem Wunsch der beiden nachzugeben.

Es war eine Märchenhochzeit...

Ich liebe meinen Glauben

Ich liebe meinen jesidischen Glauben, ich liebe unsere Traditionen, ich will mich nicht davon trennen. Doch ich verstehe nicht, warum man die Prinzipien so radikal umsetzen muss. Ich wünsche mir, dass sich die uralten Gebote unserer Religion den Bedingungen unserer Zeit entsprechend verändern. Den Weg voller Dornen, der mein Lebensweg ist, geschminkt mit dem Blut zweier Familien, will ich nicht umsonst beschritten haben ...

Ich frage mich oft, ob sich unsere Kultur ändern kann, ob das Töten ein Ende finden wird, ob die Frauen gleiche Rechte bekommen werden. Viele Jesiden in Deutschland können bis heute weder lesen noch schreiben. Viele haben keine Arbeit. Sie leben vom Sozialamt. Ich denke, gute Bildung würde uns wirklich weiterhelfen.

Die Jesiden, die ihre ursprüngliche Heimat verließen und nach Deutschland kamen, brachten ihre traditionellen Vorstellungen mit wie einen Rucksack. Etliche der Regeln, die sich darin finden, stammen aus grauer Vorzeit. Sie sind den schwierigen Lebensbedingungen der alten Heimat verhaftet, in der Armut, Ausgrenzung und Verfolgung über Jahrhunderte den Alltag bestimmten.

Das gilt vor allem für die Ungleichbehandlung der Frauen. Wieso sollten Frauen weniger wert sein als Männer? Warum wünschen sich Paare lieber Jungen als Mädchen? Weshalb sitzen auf manchen Hochzeitsfesten die Frauen auf der einen Seite, die Männer auf der anderen? Was bedeutet diese Trennung?

Ein junger jesidischer Mann sagte einmal zu mir: »Wenn ich ein deutsches Mädchen heirate, dann soll sie die Möglichkeit haben, meinem Glauben beizutreten.« Das setzt sicherlich voraus, dass der jesidische Glaube für Deutsche attraktiv genug ist. Auch ich frage mich: Warum können Muslime und Christen den Glauben wechseln und wir Jesiden nicht?

Natürlich erziehe auch ich meine Kinder im jesidischen Glauben. Wir feiern die Feste der Jesiden, begehen die Rituale. Ich erkläre ihnen, dass unsere Religion es nicht zulässt, dass Menschen sich gegenseitig töten. Vielmehr gebietet sie ja, einander zu helfen.

Was die Kinder aus den religiösen Wurzeln machen, die ich ihnen mitgebe, darauf habe ich keinen Einfluss. Ich versuche, ihnen möglichst viele Freiheiten zu lassen. Ich durfte als Mädchen nie schwimmen gehen – meinen Töchtern erlaube ich das. Schließlich *müssen* sie schwimmen lernen, um sich retten zu können, wenn sie in Not sind. Meine Töchter sollen auf eigenen Beinen stehen, selbstständig denken, frei entscheiden können. Sie sollen nicht von ihren Männern abhängig sein. Für mich steht fest, dass ich nie wieder mit einem Mann zusammenleben werde.

Meine älteste Tochter Evelyn ist nun Ehefrau. Für sie war es selbstverständlich, sich mit einem Jesiden zu vermählen – mit einem Jesiden aus unserer Kaste der Murids. Würde eines meiner Kinder gegen die traditionellen Regeln verstoßen, müsste ich den Kontakt abbrechen. Das verlangt die jesidische Gesellschaft von mir. Und aus der Gemeinschaft kann und will ich nicht ausbrechen – in dieser Hinsicht sind mir die Hände gebunden.

Leider hat Evelyn die Schule nicht beendet. Wir stritten uns oft darüber. Ich sagte: »Musik kannst du machen, aber ich möchte, dass du zuerst die Schule beendest.«

Sie hörte nicht auf meine Ratschläge. Ihre Chancen, einen Job zu finden, stehen nun nicht besonders gut. Obwohl ich mir nicht vorstellen kann, dass sie sich dafür entscheiden wird, zu Hause zu sitzen.

Die Angst, dass es ihr so ergehen könnte wie mir, wird mich mein Leben lang begleiten. Vielleicht ist es immer das Gleiche: Am Anfang versuchst du in der Ehe gut miteinander auszukommen. Du tust alles, um deinen Mann zu ehren, machst, was er will. Und er achtet dich. Aber mit den Jahren verändert sich der Mann. Sobald du ein Kind hast, bist du nichts mehr für ihn. Evelyn lebt jetzt in Köln. Sie hat einen Sohn, der fast ein Jahr alt ist. Ich wünsche ihr von Herzen, dass sie glücklich wird. Mehr kann ich nicht tun.

Nachwort

Der Bus vom Markt zurück nach Palma de Mallorca fiel aus. Immer mehr Touristen kehrten vom Bummel zurück, immer mehr Deutsche murrten, wegen des nicht eingehaltenen Fahrplans: »Das würde in Deutschland nicht passieren.«

Eine Frau – ich vermutete, eine Spanierin – stand ganz ruhig in dieser Menge. Sie trug ihr langes schwarzes Haar offen über einem streng geschnittenen Hosenanzug. Sie lächelte mich an. Neben ihr stand ein Mann, der traurig und verloren dreinblickte und so gar nicht zu ihrem Stolz, ihrer Anmut passte.

Irgendwann kam ein Bus, der irgendwohin fuhr, wir wussten es nicht. Ich entschied: Erst einmal weg von hier, nahm meine beiden Kinder und stieg ein. Die Frau stieg hinter uns in den Bus. Der Mann folgte ihr zögernd.

Der Bus schien über die ganze Insel zu fahren. Ich kann mich nicht daran erinnern, ob sie mich oder ich sie zuerst ansprach. Es spielt unter Frauen keine Rolle. Jedenfalls kamen wir ins Gespräch. »Woher kommt ihr?«, fragte ich die beiden.

»Aus Deutschland«, antwortete die Frau in fremdländischem Akzent.

Ich war überrascht: »Aus Deutschland?«

»Ja, wir wohnen in Bielefeld.«

»Aber ursprünglich kommt ihr doch woanders her?«, fragte ich.

»Wir sind Jesiden. Ich stamme aus Anatolien, Türkei, aber ich bin keine Türkin.«

»Jesiden?« Ich hatte noch nie von Jesiden gehört.

»Alle Kurden sind früher Jesiden gewesen«, erklärte der Mann. Ich verstand ihn kaum, er sprach leise. Wenn er ein Wort artikulierte, verzerrte sich sein Mund.

»Eine Gesichtslähmung«, erklärte mir die Frau, die mein Befremden offenbar bemerkt hatte. »Wir sind zur Erholung nach Mallorca gekommen.«

»Wir sind keine Muslime«, fuhr der Mann fort, »wir stammen von Jesaja ab, wie alle Kurden. Doch die meisten Kurden wurden gezwungen, Muslime zu werden. Wir, die diesen Weg nicht mitgingen, wurden von ihnen verfolgt. Obendrein versuchten die Türken, die Kurden zu vertreiben und auszurotten. Deshalb kamen viele Jesiden, wie auch muslimische Kurden, nach Deutschland.«

Mir kam das alles spanisch vor.

»Dass du noch nie von Jesiden gehört hast, ist normal. Kaum jemand kennt sie in Deutschland«, sagte er. »Aber wir sind keine Sekte.«

Irgendwann waren wir an der Endhaltestelle, nicht weit von ihrem Hotel. »Wo wohnt ihr?«, fragte sie mich und kündigte an: »Wir kommen euch heute Abend besuchen.«

Ich war überrascht. Ich glaubte indes nicht daran, dass wir uns wiedersehen würden.

*

Doch da kannte ich Gülnaz noch nicht, nicht ihr Durchsetzungsvermögen und ihre Zähigkeit. Wenn sie sich etwas in den Kopf gesetzt hat, bleibt sie dran. Zwei Stunden lang suchte sie am Abend, bis sie uns endlich ausfindig gemacht hatte. Wir tranken eine Limonade.

Gülnaz war anhänglich und anschmiegsam wie eine Katze.

Sie war hellwach und wissbegierig. »Was machst du beruflich?«, wollte sie wissen.

Und ich erzählte ihr, dass ich Lebensgeschichten aufschreibe. »Nicht die von Prominenten allerdings. Ich schreibe die Geschichten von Menschen auf, die am Ende ihres Lebensweges zurückblicken, ihre Erfahrungen an Kinder und Enkel, Freunde und Verwandte weitergeben möchten. Von Menschen wie du und ich.«

Da sagte sie: »Aus meinem Leben könntest du auch ein Buch machen ... und was für eins. Wo ist eigentlich dein Mann?«

»Der hat sich gerade aus meinem Leben verabschiedet.«

Das fand sie interessant.

Auch sie gab gern Auskunft: »Ich habe sechs Kinder« – ich konnte es nicht glauben, so mädchenhaft, wie ihre Gestalt wirkte. Und von ihren Fahrschulen: »Ich bin die erste kurdische Frau, die eine Fahrschule hat. Zu mir kommen viele kurdische Frauen, weil sie keinen Kontakt zu fremden Männern haben dürfen. Es werden immer mehr. Deshalb habe ich nun die zweite Fahrschule eröffnet.«

Der Urlaub ging zu Ende. Wir tauschten Telefonnummern.

*

Nach ein paar Wochen rief sie auf meinem Handy an: »Hallo Katrin, Gülnaz hier. Wie geht es dir?«

»So lala und dir?«

»Mein Mann und ich haben uns getrennt.«

»Waaaas, ich denke, das dürft ihr nicht?«

»Das stimmt. Ich bin die erste Jesidin ...«

Ich sah ein Unwetter heraufziehen, hatte jedoch keine Vorstellung davon, welche Verwüstungen es anrichten würde. Doch ich spürte, dass sie nicht aufzuhalten war. Der Mann hatte Gülnaz in ihrer Entwicklung behindert, das ließ sie sich nicht gefallen.

»Wo steckst du«, fragte sie, »wann kommst du?« Ich versprach, sie zu besuchen.

Nach einiger Zeit rief sie wieder an: »Sie wollten meinen Bruder erschießen, aber er trug eine kugelsichere Weste. So haben sie ihn schwer verletzt. Er liegt im Krankenhaus, er muss noch lange dort bleiben... Wann kommst du?« Ich versprach hoch und heilig, sie endlich zu besuchen.

*

Monate später kaufte ich für sechs Kinder Süßigkeiten und suchte nach dem Zettel, auf dem ich mir damals auf Mallorca die Namen der Kinder notiert hatte. Ich fand ihn nicht. Als ich vor dem Reihenhaus in Bielefeld stand, wurde ich an der Haustür von einem Schwarm Kinder empfangen. Sie gaben mir artig die Hand: »Guten Tag, ich bin Nergis, die drittälteste Tochter von Gülnaz, ich bin Feliz, die zweitälteste Tochter von Gülnaz, ich bin Sabri, der älteste Sohn von Gülnaz, Gülden, die jüngste Tochter...« so ging es weiter. Alle stellten sich vor: Gülnaz' Söhne und Töchter, Neffen und Nichten. Zehn Kinder waren es mindestens und ich hatte doch nur für sechs Geschenke. Aber das störte sie nicht. Ich stellte die Tüten auf den Tisch, einige schauten hinein und gingen wieder in die Küche, vor den Fernseher oder nach oben in die Zimmer.

Evelyn, Gülnaz' älteste Tochter, kam aus der Küche und empfing mich mit entschlossenem Händedruck und tadellosem Hochdeutsch: »Katrin. Schön, dass du gekommen bist. Setz dich, bestimmt bist du müde und hungrig, möchtest du essen? Ich habe alles vorbereitet. Gülnaz ist noch in der Fahrschule, aber sie kommt gleich.«

Und vier, fünf Mädchen verschwanden in die Küche, kehrten mit großen Platten zurück und tafelten ein Festmahl mit gebratenen Hühnchen, gesottenen Kartoffeln und Reis, gekochten Eiern und Salat mit Schafskäse und Fladenbrot auf.

»Iss, iss.«

Ich war beeindruckt von der Selbstständigkeit, mit der die Kinder das Essen bereitet hatten und mich bewirteten. Jedes der vielen Kinder wusste offenbar, was es zu tun hatte.

Die Mädchen setzten sich zu mir an den Tisch, aber keine aß etwas. »Nein, danke, wir haben schon gegessen«, wiegelten sie meine Bitte ab, mich mit dem Festmahl nicht alleinzulassen. Nur Wedat, der Kleinste von Gülnaz, kam ab und zu vorbeigehopst und stopfte sich verschmitzt einen Leckerbissen in den Mund.

Sie erzählten ein bisschen, wie es jetzt geht – ohne Vater. Evelyn, die Älteste sorgte – bis sie dann später heiratete – im Hause wie eine Mutter für alles. Doch die Schulprobleme ihrer Geschwister konnte auch sie nicht lösen und es gab ständig Ärger, weil der Vater immer mehr Geld verlangte.

*

Der Gegenbesuch stand an. Gülnaz erschien mit einer Eskorte von zwei Autos und acht Menschen; zwei ihrer Schwestern, ein Bruder, ein Schwager und ein paar Kinder waren dabei. Strahlend und gut erzogen platzierten sie sich um unseren Küchentisch. Ich war schockiert. Was hatte diese Invasion zu bedeuten?

Gülnaz war erstaunt, dass ich irritiert war. Sie erklärte: »Kurdische Frauen dürfen nicht allein ausgehen oder gar reisen.«

Ich kündigte unseren Besuch an, denn diesmal brachte ich meine Kinder mit.

»Wenn ihr kommt, grillen wir«, sagte sie.

Als wir kamen, waren alle Geschwister von Gülnaz samt Ehegatten und Kindern zu Besuch. Wir wurden als Gäste hofiert wie Könige …

Es war laut und lustig, ein munteres Hin- und Hergewirbel, mal stürzte ein Kind und weinte, ein anderes Kind hob es auf und tröstete es, mal balgten sich ein paar, da sprach der große Bruder ein Machtwort und entzerrte das Kampfknäuel mit autoritärer Hand.

Auch die Eltern von Gülnaz waren gekommen, um uns kennenzulernen. Sie sprachen nur einige Brocken Deutsch. Die jüngere Generation übersetzte die Grußformeln, die sie an uns richteten. Die Mutter trug als Einzige der Frauen ein Kopftuch, ein buntes kleines, das die Stirn freiließ. Ihr Gesicht war übersät mit blauen Zeichnungen, die mich befremdeten. Gülnaz bemerkte es und erzählte mir später, dass es in orientalischen Ländern üblich sei, sich solche Zeichen als Schmuck tätowieren zu lassen.

*

Nach diesem Besuch meldete Gülnaz sich lange nicht.

Ich rief sie an. Sie fragte: »Wie geht es dir und den Kindern?« Ihre Stimme klang müde.

»Gut«, sagte ich, »und dir?«

»Beschissen. Sie wollten doch meinen Bruder umbringen. Nun hat mein kleiner Bruder den Neffen meines Mannes erschossen.« Die lokalen niedersächsischen Medien berichteten zwar viel über den Fall, aber bundesweit wurde er kaum thematisiert. So habe ich in Berlin nichts davon mitbekommen. »Meine Brüder sitzen im Knast. Alle Kinder und ich standen unter Polizeischutz, wir wurden nur noch mit dem Polizeiauto hin- und her gefahren. Und die Presse: ›Mörderfamilie‹ haben sie uns beschimpft. Du kannst dir nicht vorstellen, was hier los war. Ich sage dir, schreib ein Buch über mich!«

So entschloss ich mich, Gülnaz' Geschichte aufzuschreiben. Nicht wissend, auf welche Unwägbarkeiten ich mich einließ. Wir trafen uns im Sommer 2003 zum ersten Mal in meinem Berliner Büro zur Aufzeichnung. Was ich hörte, war so unglaublich wie aus einer anderen Welt.

Später hörte ich eine Geschichte, die auf Gülnaz passte. Es ist die Geschichte von Taus-î Melek, dem Engel, den die Jesiden in einer Einheit mit Gott sehen. Taus-î Melek war von Gott aus Feuer erschaffen worden. Als Gott die Menschen gebildet und ihnen Leben eingehaucht hatte, verlangte er, dass Taus-î Melek sie anbeten sollte. Der Engel weigerte sich jedoch. Darauf verbannte Gott ihn in die Hölle. Dort löschte Taus-î Melek mit seinen Tränen das Feuer, erst dann durfte er die Unterwelt wieder verlassen.

Gülnaz – der gefallene Engel ...

*

Wir trafen uns zum Interview. Gülnaz erzählte stockend, sie rang nach Worten, manchmal atemlos. Vieles verstand ich nicht. Doch ihre Augen sprühten und funkelten, ihre Hände gestikulierten leidenschaftlich in alle Himmelsrichtungen, dann wieder ließ sie sich müde in den Stuhl zurückfallen.

Ich dachte: Das muss man sehen, das muss man filmen. Ich rief meine Freundin Andrea Schramm an: »Andrea, du musst einen Film machen, das ist eine unglaubliche Geschichte!«

Andrea hatte schon viele Dokumentarfilme gedreht, darunter auch einen, der sich mit der Kopftuchfrage beschäftigte. So wusste ich von ihrer Affinität zu diesem Kulturraum. Andrea war Feuer und Flamme. Ich machte sie mit Gülnaz bekannt. Der

Film heißt »Im Schatten der Blutrache« und lief im Sommer 2007 im Fernsehen. Er hat im Herbst 2007 den Deutschen Fernsehpreis erhalten – für den besten Dokumentarfilm 2007.

*

Vieles, wovon Gülnaz erzählte, verstand ich nicht, weil mir die Hintergründe fehlten. Sie konnte die Dinge nicht erklären, weil sie ihr selbstverständlich waren und sie noch nie in der Situation gewesen war, diese Dinge anderen verständlich machen zu müssen. Nie hatte sie jemand darüber befragt. Erklären muss man ja erst, wenn es einen Fremden interessiert.

Obwohl sie so aufgeschlossen war, verkehrte sie fast ausschließlich mit Jesiden. Die Jesiden werden seit Jahrhunderten in ihren Herkunftsländern (der Türkei, Irak, Iran und Syrien) als ethnische wie religiöse Minderheit verfolgt (außer in Armenien: dort können die Jesiden relativ unbehelligt leben). Aus Selbstschutz schotten sie sich in ihrer Gemeinschaft von äußeren Einflüssen ab. In der Isolation konnte sich das Jesidentum als eine der ältesten Religionen des Vorderen Orients erhalten. Es gibt verschiedene Erklärungen für seine Wurzeln. Das Jesidentum speist sich aus Einflüssen verschiedener Glaubensrichtungen – aus Elementen der mystisch-islamischen Strömung des Sufismus, der Gnosis, des orientalischen Christentums und des altorientalischen Zarathustra-Kultes.

Was konnte uns helfen, ein derart kompliziertes Feld zu beackern? Wir suchten nach Literatur über die Jesiden. Was wir fanden, war mehr als dürftig, sowohl an Sachliteratur als auch an Belletristik.

Das Jesidische ist eine rein mündliche Religion. Es entzieht sich unserer Vorstellungskraft, was es bedeutet, wenn die Dinge nicht »beschrieben« sind, nicht niedergeschrieben und damit nicht nachgelesen werden können. Bücher wie Lexika haben bei uns den Status von Autoritäten. Was schwarz auf weiß geschrieben steht, gilt. Und wenn es kein Buch gibt, das Wissen verbürgt, das Wahrheit spricht?

Alles, was Gülnaz weiß, kennt sie aus Erzählungen, alles wurde von Mund zu Mund weitergegeben. So hat Gülnaz ihre eigenen, ganz persönlichen Vorstellungen vom jesidischen Glauben. Wir betraten Neuland. Nur allmählich wurde mir klar, auf welches Abenteuer wir uns eingelassen hatten – nicht zuletzt auch publizistisch.

Wir? Tatsächlich haben wir das Buch zu zweit entwickelt, gebaut, geschrieben. Nachdem mir schwante, dass ich die Verschriftlichung parallel zum Tagesgeschäft unmöglich realisieren könnte, fragte ich Ralf Pasch, ob er Lust habe, sich dieser Geschichte anzunehmen. Ralf Pasch, ein freier Journalist, der unter anderem für die *Frankfurter Rundschau* arbeitet, hatte an unserer Erzählakademie gerade die Ausbildung zum »Autobiografiker« abgeschlossen, die alle Autoren bei Rohnstock Biografien durchlaufen.

Ralf selbst erinnert sich an seine ersten Begegnungen mit Gülnaz: »Ich stellte am Anfang schlicht die falschen Fragen. Ich fragte in Journalistenmanier: Warum? Und Weshalb? Ich musste lernen, Gülnaz' Ambivalenz auszuhalten, ihren starken Drang nach Unabhängigkeit einerseits, andererseits ihre starke Bindung an die Gemeinschaft, von der sie ja verstoßen worden war, ihr Wunsch, ein Teil dieser Gemeinschaft zu sein, die es ihr so schwer macht, sich selbst zu verwirklichen.«

Wir schrieben den Experten Dr. Ilhan Kizilhan aus Konstanz an. Er sagte seine Unterstützung zu. Dafür sei ihm an dieser Stelle gedankt.

*

Inzwischen wusste mein gesamter Freundeskreis von unseren Wissensnöten. Eines Tages empfahl mir meine Freundin, die in Bagdad Korrespondentin ist und Kontakt mit im Irak lebenden Jesiden hat, eine kleine Aufsatzsammlung einer Tagung des vorderasiatischen Instituts der Universität Hamburg. Ich verschlang das Heft, es ist sehr nützlich, um die Grundlagen dieser Kultur zu verstehen und es kann dem interessierten Leser nur empfohlen werden: Aber auf unsere konkreten Fragen nach den Ritualen und deren Bedeutung fanden wir keine Antwort.

Wir versuchten, uns der Gedanken- und Gefühlswelt dieser fremden Kultur zu nähern und sie einem deutschen Leser nahezubringen. Das konnten wir nur, wenn wir die Eigenheit der Erzähl- und Sichtweise von Gülnaz bewahrten. Doch ohne sie stark zu formen, war sie für deutsche Lesegewohnheiten unverdaulich.

Immer wieder neu gingen wir an den Stoff heran, organisierten ihn um, interviewten nach, experimentierten mit den Erzählsträngen. Dabei war die Herausforderung eine zweifache. Wie konnten wir von den Erzählungen auf der ersten Stufe so viel wie möglich in die Schriftsprache übertragen und auf der zweiten Stufe in eine Erzählstruktur retten, die zu den hiesigen Gewohnheiten eine Brücke schlug. Die jesidische Erzählkultur ist episodenhaft, stark metaphorisch, ohne erklärende Bindeglieder. Auf diese Weise wird auch das Wissen über die Religion weitergegeben.

Hatte ich mich früher mit den kulturellen Unterschieden in Ost- und Westdeutschland beschäftigt und unter Anleihe auf Goethes Übersetzung des Gedichtzyklus von Hafis eine Buchreihe herausgegeben – den ›Ost-Westlichen Diwan‹ –, so war ich jetzt mit einer Dimension von kulturellen Unterschieden befasst, die unsere deutsch-deutschen Unterschiede in den Schatten stellte.

Ich wollte mit Gülnaz nach Anatolien reisen, um die Häuser, die lehmigen Straßen und die Dörfer zu sehen, um ein Gefühl für ihre Heimat, ihre Prägung zu bekommen, für die Stimmungen, die Düfte, den Klang des Orients. Doch aus Sicherheitsgründen rieten uns ihre Verwandten von dieser Reise ab. Immer wieder gibt es Unruhen zwischen Kurden und Türken – und so ist es selbst mit männlichem Begleitschutz gefährlich für zwei Frauen, von denen die eine auch noch groß und blond ist. Doch irgendwann werden wir dorthin fahren.

Zunächst reisten wir im Frühjahr 2005 für fünf Tage nach Istanbul.

Wir erlebten tagsüber gemeinsam diese wunderbare Stadt und überarbeiteten am Abend das Manuskript. Doch kaum war eine Frage beantwortet, tauchten fünf neue auf. Ich erlebte Gülnaz, wie sie die Schönheit der osmanischen Moscheen bewunderte und die Türken verabscheute, wie selbstverständlich sie sofort mit einem Kurden ins Gespräch kam und ich erlebte ihre Rast- und Schlaflosigkeit, weil sie die Probleme aus Deutschland nicht loswurde ... Sie hat fünf Kinder zu versorgen, unterrichtet von sieben Uhr morgens bis zehn Uhr abends in der Fahrschule, um die Miete zu bezahlen, die Kredite zu tilgen, die Mäuler zu stopfen.

*

Das Urteil gegen ihre Brüder untergräbt Gülnaz' Vertrauen in die deutsche Rechtsstaatlichkeit. Deutschland – das sie bis dahin als ihre Wahlheimat betrachtet hatte, in dessen Kultur und Strukturen sie sich so gern integrieren, dessen Normen und Standards sie so gern gerecht werden wollte, ließ sie im Stich.

Am liebsten würde sie Jura studieren, um sich zu wehren, um ihren kleinen Bruder freizukämpfen und um Jesiden und Kurden in vergleichbaren Situationen Gerechtigkeit angedeihen zu lassen. Gülnaz wäre eine engagierte Anwältin. Sie kann kämpfen wie eine Löwin.

Katrin Rohnstock Berlin, im Januar 2008

Frauenleben

Christian Graf von Krockow
Die Stunde der Frauen
Bericht aus Pommern
1944 bis 1947
ISBN 978-3-423-30014-8

Régine Pernoud
Königin der Troubadoure
Eleonore von Aquitanien
Übers. v. R. Heyd
ISBN 978-3-423-30042-1

Herrscherin in bewegter Zeit
Blanca von Kastilien,
Königin von Frankreich
Übers. v. S. Rott-Illfeld
ISBN 978-3-423-30359-0

Christine de Pizan
Das Leben einer außergewöhnlichen Frau und Schriftstellerin im Mittelalter
Übers. v. S. Rott-Illfeld
ISBN 978-3-423-30631-7

Katrin Rohnstock
Ralf Pasch
Mein Leben im Schatten der Blutrache
Die Geschichte der Gülnaz Beyaz
ISBN 978-3-423-34480-7

Martha Schad
Elisabeth von Österreich
ISBN 978-3-423-31079-6

Hans-Martin Schönherr-Mann
Simone de Beauvoir und das andere Geschlecht
ISBN 978-3-423-24648-4

Claudia Seifert
Wenn du lächelst, bist du schöner!
Kindheit in den 50er und 60er Jahren
ISBN 978-3-423-24411-4

Aus Kindern werden Leute, aus Mädchen werden Bräute
Die 50er und 60er Jahre
ISBN 978-3-423-24525-8

Das Leben war bescheiden schön
Ein Rückblick von Frauen, die zwischen den Kriegen geboren wurden
Durchgehend illustriert
ISBN 978-3-423-24683-5

Monika Siedentopf
Absprung über Feindesland
Agentinnen im Zweiten Weltkrieg
ISBN 978-3-423-24582-1

Nathan Stoltzfus
Widerstand des Herzens
Der Aufstand der Berliner Frauen in der Rosenstraße – 1943
Übers. v. M. Müller
ISBN 978-3-423-30845-8

Bitte besuchen Sie uns im Internet: www.dtv.de